APRENDER COM SUCESSO

MARIA ORTELINDA BARROS GONÇALVES
PROFESSORA DO ENSINO SECUNDÁRIO

APRENDER COM SUCESSO

ALMEDINA

TÍTULO:	APRENDER COM SUCESSO
AUTOR	MARIA ORTELINDA BARROS GONÇALVES
EDITOR:	LIVRARIA ALMEDINA – COIMBRA www.almedina.net
LIVRARIAS:	LIVRARIA ALMEDINA ARCO DE ALMEDINA, 15 TELEF. 239 851900 FAX 239 851901 3004-509 COIMBRA – PORTUGAL LIVRARIA ALMEDINA – PORTO R. DE CEUTA, 79 TELEF. 22 2059773 FAX 22 2039497 4050-191 PORTO – PORTUGAL EDIÇÕES GLOBO, LDA. R. S. FILIPE NERY, 37-A (AO RATO) TELEF. 21 3857619 FAX 21 3844661 1250-225 LISBOA – PORTUGAL LIVRARIA ALMEDINA ATRIUM SALDANHA LOJA 31 PRAÇA DUQUE DE SALDANHA, 1 TELEF. 21 3712690 atrium@almedina.net LIVRARIA ALMEDINA – BRAGA CAMPOS DE GUALTAR UNIVERSIDADE DO MINHO 4700-320 BRAGA TELEF. 25 3678822 braga@almedina.net
EXECUÇÃO GRÁFICA:	G.C. – GRÁFICA DE COIMBRA, LDA. PALHEIRA – ASSAFARGE 3001-453 COIMBRA E-mail: producao@graficadecoimbra.pt SETEMBRO, 2001
DEPÓSITO LEGAL:	170188/01

Toda a reprodução desta obra, por fotocópia ou outro qualquer processo, sem prévia autorização escrita do Editor, é ilícita e passível de procedimento judicial contra o infractor.

… à Francisca

ÍNDICE

PREFÁCIO 11

CAPÍTULO I – Técnicas de Estudo

1. Motivação do Ensino – Aprendizagem 15
   1.1. Motivação dos alunos 15
       1.1.1. Atitude Psicológica do estudante 16
   1.2. Motivação do professor 18

2. Gestão do tempo 21
   2.1. Distribuição dos tipos de actividades ao longo de uma semana de trabalho 22
   2.2. Aspectos a considerar na elaboração de um horário individual 23

3. Estudar 25
   3.1. Onde estudar 25
   3.2. Como estudar 26
   3.3. O que estudar 26
   3.4. Quando estudar 26
   3.5. Outras sugestões 27

4. Como estudar um texto 29
   4.1. Fases da leitura 29
   4.2. Leitura crítica 30

5. Sublinhar, tirar apontamentos e fazer esquemas 31
   5.1. A técnica de sublinhar 31
   5.2. Tirar apontamentos 35

6. Memorização	37
6.1. Fichas de vocabulário	37
6.2. Fichas de Perguntas/Problemas	38
6.3. Reorganização dos apontamentos	40
7. Trabalho de Projecto	43
7.1. Etapas	44
7.1.1. Identificação/Formulação do Problema	44
7.1.2. Pesquisa/Produção	45
7.1.3. Redacção de um trabalho	46
7.1.4. Bibliografia	48
7.1.5. Apresentação do trabalho	48
7.1.6. Avaliação	50
8. A Língua Falada e a Língua Escrita	51
8.1. A linguagem oral	51
8.2. A linguagem escrita	52
9. Como preparar os testes de avaliação	55
9.1. Como preparar os testes	55
9.1.1. Conselhos práticos para enfrentar o teste	55
9.1.2. Como dominar as emoções antes dos testes	56
9.1.3. Como realizar o teste	57
9.1.4. A reacção aos resultados dos testes	58

CAPÍTULO II – Inteligência Emocional

1. Quociente de inteligência e quociente emocional	63
2. O stresse mata	69
2.1. Causas do stresse	70
2.2. Os sintomas do stresse	71
3. O stress e a Inteligência Emocional	73
3.1. Competências básicas de resistência ao stresse	74
3.2. A ansiedade	75

Índice

4. Escola Democrática	79
4.1. A escola no âmbito da educação emocional	79
4.1.1. A escola como organização	83
5. Teste o seu Quociente Emocional	85

CAPÍTULO III – Dinâmica de grupo

1. Dinâmica de grupo	89
2. Dinâmica de grupo – tentativa de contextualização	91
3. Os grupos	93
3.1. Definição de grupo	93
3.2. Características do grupo	94
3.3. Tipos de grupos	95
3.4. Funções dos grupos	96
3.4.1. O Papel	97
3.5. Como se formam os grupos	98
3.6. Estrutura do grupo	99
3.6.1. A coesão no grupo	100
3.7. Elementos para a sobrevivência de um grupo	102
4. Redes de comunicação de grupo	105
5. A produção de grupo em relação à produção individual	109
6. Exercitar a evolução em grupo	111
6.1. Evolução da maturidade de um grupo	115
7. Estrutura do grupo de trabalho	119
7.1. O tamanho de um grupo de trabalho	119
7.2. Composição de um grupo de trabalho	120
7.3. Organização de um grupo de trabalho	120
7.4. Processos de integração do grupo	121
7.4.1. Comunicação autêntica	122

7.4.2. Coesão	122
7.4.3. Permeabilidade de Fronteiras	123
8. Liderança do grupo	125
8.1. Tipos de líder	126
8.1.1. Líder autoritário	127
8.1.2. Líder democrático	127
8.1.3. Líder laissez-faire	128
9. O professor e o grupo	131
9.1. Grupos e métodos	132
10. A Fechar	135
11. Bibliografia	137

PREFÁCIO

O Quê? Porquê? Para Quê?

É (pretende ser) todo um manancial de dados que, acredito, possa ser de alguma utilidade na prática diária do aprendiz que quero continuar a ser.

Partiu de uma reflexão enquanto docente, para passar a uma teorização que desejo possa abrir caminho a novas vertentes do meu estar profissional.

Penso que o debate não se deve circunscrever ao limite reduzido do quotidiano, mas, publicando o texto, pode o mesmo ser mais facilmente objecto de troca, de reflexão, de mudança, talvez até de ruptura.

Num tempo continuamente ultrapassado, o imobilismo é palavra proibida para quem quer continuar a interpretar o real.

O estudo que apresento pretende ser o reflexo do meu sentir e pensar nas coordenadas de ensinar e de apreender.

Mesmo sendo dura, a tarefa pode dar alegria, se não da meta, pelo menos da procura.

Não serei, obviamente, juíza em causa própria, e por isso digo apenas:

– Estou aqui.

CAPÍTULO I

Técnicas de Estudo –
– Facilitadores da aprendizagem

1. MOTIVAÇÃO DO ENSINO – APRENDIZAGEM

> *"A motivação para melhorar os resultados escolares deve ser uma tarefa contínua fomentada num conjunto coerente de valores em que avultam o respeito pelas pessoas e o aproveitamento da sua criatividade."*
>
> ROBERT HELLER

A motivação é o segredo do êxito nos estudos e no trabalho.

Os professores confrontam-se diariamente com diferenças de atitudes e comportamentos dos jovens, com consequência directa ou indirecta na sua realização e satisfação escolares. Assim, uns obtêm melhores resultados do que outros e certos alunos parecem realizar com alegria as várias actividades escolares, enquanto, para outros, estas representam uma grande obrigação.

Para orientar a sua acção os professores sentem necessidade de compreender tais fenómenos e tentam descobrir os factores susceptíveis de os explicar a fim de desenvolver estratégias adequadas.

1.1. Motivação dos alunos

A motivação é o conjunto dos factores de natureza biológica, intelectual ou afectiva que determinam as várias maneiras de agir e sentir.

O professor deve estar atento às motivações dos alunos a fim de as ter presentes quando determina o seu trabalho.

Assim, os mecanismos da aprendizagem serão estimulados ou reforçados.

A pedagogia deve privilegiar os seguintes aspectos:

a) **A criatividade**

A escola deve apresentar situações novas, criar condições ambientais em que a comunidade educativa trabalhe com iniciativa e prazer.

b) **O gostar de aprender**

Está ligado à curiosidade que todos, e especialmente os jovens, sentem por "tudo que é novidade" desde que lhes seja apresentado de um modo estimulante.

A escola deve motivar os alunos através de actividades extracurriculares como, por exemplo, desporto, dança, música, jardinagem, informática...

c) **A afirmação pessoal**

O saber ser bom aluno é um factor de desenvolvimento, não só intelectual mas também emocional para o jovem.

d) **Cooperação**

Dá ao aluno a satisfação de se sentir útil e ensina-o a partilhar a ajuda, aumentando os seus conhecimentos, o que pode ser conseguido através do trabalho em grupo.

1.1.1. *A atitude psicológica do estudante*

O sucesso ou motivo de realização aparece sempre que um aluno sabe que o seu comportamento está a ser avaliado e que as consequências podem ser favoráveis – sucesso ou êxito, ou então, desfavoráveis – insucesso ou fracasso.

A atitude psicológica do estudante, na aprendizagem, pode favorecer ou dificultar o sucesso.

A dificuldade das tarefas apresentadas funciona em relação às pessoas que sentem esta motivação como um activador ou desencadeador de uma força interna que as leva a apostar na sua realização. As pessoas assim vocacionadas aceitam assumir a responsabilidade de executar os actos necessários para a consecução dos seus objectivos, o que implica correr o risco de falhar. Assim, desejar sucesso tem como contraponto uma outra motivação, que é o medo de fracassar.

Daí que estudantes com alta motivação para o sucesso, que adoptam uma atitude positiva, vejam no estudo uma ponte que os conduzirá a concretizar os seus objectivos e sintam alegria e até entusiasmo por aquilo que fazem. Apesar das dificuldades, persistem no trabalho. São optimistas. Têm um bom ou elevado rendimento.

Diferentemente, para os estudantes dominados pelo medo do fracasso, que adoptam uma atitude negativa, encontram defeitos na escola, nos programas, nos livros e nos professores. Desinteressados, inventam desculpas para adiar o trabalho e fazer o menos possível, desanimando aos primeiros obstáculos. São pessimistas. O seu rendimento é baixo ou nulo.

Duas pessoas de características semelhantes alcançam metas muito diferentes pela forma, positiva ou negativa, como observam o estudo, isto é, a motivação, a concentração a autoconfiança e a persistência favorecem o trabalho escolar.

Os indivíduos motivados para o sucesso são, na sua grande maioria, pessoas empreendedoras, apresentando como características fundamentais:

– Gosto em assumir riscos

– Vontade de atingir padrões de excelência

– Confiança na capacidade de ser bem sucedido

- Ser autoconfiante, valorizar as suas capacidades e não as suas limitações

- Enfrentar as dificuldades com espírito ganhador. Acreditar no sucesso.

- Ser persistente não se deixando vencer pelos momentos de desânimo.

Pessoas com estas características são dotadas de espírito de iniciativa, constituindo-se como líderes carismáticos nos mais variados campos: política, economia, arte, educação, ciência e gestão empresarial.

1.2. Motivação do professor

O professor deve ser criativo nas situações de aprendizagem e mostrar alegria, gosto e capacidade em ensinar. Isto é, ele será o facilitador e o animador da aprendizagem de determinados conteúdos e de determinadas pessoas – os seus alunos. E essa motivação leva-o a utilizar todas as possibilidades de desenvolvimento cultural e profissional de que possa dispor, nomeadamente:

- Fomentar a troca de ideias, evitando a ausência de diálogo ou o "diálogo dos surdos"

- Transformar os grupos de trabalho em verdadeiras equipas

- Definir subobjectivos e metas de trabalho

- Ter sempre presente que alunos diferentes são motivados de diferentes maneiras

- Manter o trabalho na sala de aula o mais variado possível, evitando a desmotivação

- Rever a sua própria motivação, se os resultados forem maus

- Incentivar a participação na tomada de decisões
- Incentivar a diferença de opiniões – muitas vezes ela abre caminho ao consenso
- Arranjar tempo para parar e conversar
- Pedir sempre a opinião dos alunos sobre as decisões que vão afectá-los
- Elogiar o bom trabalho, mesmo sem alcançar alguns objectivos
- Ser firme mas justo quando chamar a atenção para um erro: não criticar com demasiada severidade
- Descobrir a causa das queixas repetidas e eliminá-las rapidamente
- Dar a oportunidade de usar a sua própria iniciativa sempre que possível
- Dar à turma oportunidade de estabelecer objectivos
- Mudar de método, se a desmotivação ocorrer
- Manter a avaliação descontraída e amigável – não a transformar numa inquisição
- Começar sempre as avaliações discutindo os progressos efectuados e os sucessos alcançados
- Aproveitar a oportunidade para se aperfeiçoar, pedindo aos alunos que o avaliem
- Aproveitar ao máximo as capacidades de cada aluno
- Não subestimar os alunos – isso causa tanto stresse como o trabalho demasiado.

2. GESTÃO DO TEMPO

"A disciplina no trabalho é um trunfo fundamental para o sucesso nos estudos e na vida."

DUDLEY

O aluno tem que saber gerir o tempo.

A grande acumulação de tarefas impede a motivação para a sua realização. Muitos estudantes deixam acumular a matéria, até ao momento de ser marcada a data do teste, outros acham que, na noite anterior à data da entrega de um trabalho, conseguirão ler e discutir os textos e ainda redigir o trabalho final. Até se deparam com um problema: é que o dia tem 24 horas e não dá para esticar o tempo.

Por outro lado, há indivíduos que estudam horas a fio e chegam ao exame tão cansados que não conseguem fazê-lo. Estes alunos não conseguem ter tempo livre e realizar satisfatoriamente as suas actividades. Acabam frustrados, insatisfeitos e com um péssimo resultado.

Deve haver uma disposição para a mudança de hábitos e forma de estudo que facilite a aprendizagem. Para que esta ocorra, permitindo aos alunos a aquisição de conhecimentos novos e a modificação de comportamentos, é urgente que o aluno demonstre interesse e disponha de informação e técnicas adequadas para o fazer.

Assim, deve seguir determinadas etapas e, portanto, o tempo dedicado ao estudo tem que ser gerido.

Na organização do tempo, deve-se individualizar as diversas actividades que preenchem o dia e organizar o calendário das tarefas pessoais que contemple tempo para:

a) **Estudo**

b) **Lazer**

c) **Repouso**

A gestão do tempo deve englobar uma semana inteira. Para que esta gestão seja cumprida deve-se fazer a distribuição dos tipos de actividades ao longo de uma semana de trabalho, e cumprir o plano com grande rigor.

2.1. **Distribuição dos tipos de actividades ao longo de uma semana de trabalho**

Exemplo:

Horas	2.ª Feira	3.ª Feira	4.ª Feira	5.ª Feira	6.ª Feira
07.30	SONO	LV/REF	SONO	LV/REF	SONO
08.30	SONO	ES	LV/REF	ES	SONO
09.30	LV/REF/TD	ES	ES	ES	LV/REF
10.30	EST	ES	ES	ES	EST
11.30	EST	ES	ES	ES	EST
12.30	REF	REF	REF	REF	REF/TD
13.30	ES	AM	ES	ES	AFC
14.30	ES	ES	ES	ES	AFC
15.30	ES	ES	ES	ES	ES
16.30	ES	ES	TR/LE	ES	ES
17.30	ES	ES	EST	ES	ES
18.30	TR/TV	TR /AFC	EST	TR/LE	TR/LE
19.30	REF/TD	AFC/REF	REF/TD	REF/TD	REF/TD
20.30	AM DESC	TD/DESC	AFC/DEC	DESC/EST	TV/DESC
21.30	EST	EST	EST	EST	AM/AFC
22.30	EST	EST/TV	EST/LE	TV	AFC
23.30	SONO	SONO	SONO	SONO	SONO

Actividades Diárias:

DO   Dormir
LV   Lavar e vestir
ES   Escola
EST   Estudo
REF   Refeições
TD   Tarefas domésticas
DESC   Descanso
TR   Transportes
LE   Leitura
Am   Estar com os amigos/Namorado(a)
TV   Televisão
AFC   Actividades fora de casa (desporto, cinema, teatro, etc.)

Nota: A distribuição das actividades semanais foi elaborada tendo por base um horário escolar real.

2.2. Aspectos a considerar na elaboração de um horário individual

- É desejável que se dê ao estudo individual um mínimo de 10 horas, em média, por semana. Mas claro que não basta gastar muitas horas em frente dos livros e dos cadernos. Deve-se investir no estudo as horas mais rentáveis e fazer pausas, sempre que necessário.

- Embora varie de pessoa para pessoa, é preferível estudar de manhã, sempre que seja possível: várias experiências provam que o rendimento intelectual da manhã é superior ao da tarde e ao da noite.

- Ao princípio da tarde ocorre uma certa sonolência que ataca toda a gente e não apenas os que fizeram um grande almoço. Quanto à noite, é natural que o cansaço acumulado de um dia prejudique o rendimento. No entanto, convém sublinhar que cada pessoa tem os seus ritmos biológico e intelectual específicos. Assim, compete ao estudante observar-se e descobrir as suas horas mais rentáveis.

- O aluno não deve marcar muitas horas de estudo seguidas, devendo o estudo ser feito em pequenas etapas. A regra geral é por cada hora de estudo descansar 10 minutos. Pequenos intervalos de descanso facilitam a aprendizagem e a retenção.

- É recomendável não estudar depois de refeições pesadas e antes de dormir.

- Deve-se evitar o estudo seguido de disciplinas semelhantes. Intercalar matérias diferentes no estudo é um processo de evitar o cansaço e aumentar o rendimento.

- Deve-se afixar o horário de actividades no local de estudo, pois sempre que for estudar irá visualizar o horário e dificilmente esquecerá as actividades a realizar.

O horário deve ser:

a) **Real**, interessa aquele que se ajuste às necessidades de cada aluno e possa ser cumprido.

b) **Flexível**, tendo em conta, os compromissos semanais. O horário é um guia que leva o estudante a trabalhar com eficácia.

c) **Testado,** teste o seu horário de actividades, para ver se aquele tempo que especificou para cada actividade é suficiente.

d) **Cumprido,** o estudante deve aprender a dominar-se e cumprir com clareza o seu horário

3. ESTUDAR: **Onde?**
                  Como?
                  Quando?
                  O quê?

> *"Aprender requer uma leitura cuidadosa, concentrada e crítica. Numa palavra só, activa."*
>
> GARNER

3.1. **Onde estudar**

É importante estudar sempre no mesmo lugar. Dispor de uma mesa só para o estudo, onde se possa ter sempre à mão tudo aquilo de que se precise.

O local de estudo deve ser:

a) Calmo (evitar distractores como TV, Telefone, Livros de lazer);

b) Bem iluminado (lâmpada do tecto – 50 a 75 Watts; candeeiro – 40 a 50 Watts) – não deve utilizar a luz florescente

c) Bem arrumado e confortável.

O ideal será uma divisão e um local fixo onde se possa estar só. Caso isso não seja possível, procurar estudar quando não há barulho.

Em síntese, o local de estudo deve reunir todas as condições ambientais que permitam estar concentrado, assim como todo o material necessário antes de começar a estudar (livros, cadernos diários, canetas, dicionário...).

3.2. **Como estudar**

Ao estudar é importante adoptar uma postura correcta. Durante o estudo, deverá adoptar uma postura de corpo direito mas não rígido. Deste modo, os braços descansarão sobre a mesa naturalmente, o que facilitará a respiração.

3.3. **O que estudar**

Não se deve estudar somente as disciplinas preferidas e negligenciar aquelas de que não se gosta ou nas quais tem mais dificuldades. O aluno tende a debruçar-se sobre as disciplinas que são mais do seu agrado, deixando para o fim aquelas em que sente maior dificuldade. Deste modo sugere-se iniciar o estudo pelas disciplinas mais difíceis ou de menor apetência.

3.4. **Quando estudar**

a) Quando a matéria ainda está fresca. Na 1.ª oportunidade, após o período de aulas, convém ordenar toda a informação.

b) Quando não está cansado, beneficiando assim, do seu trabalho.

c) Habituar-se a estudar sempre às mesmas horas, assim, ir-se-á criando o hábito de estudar.

d) Estudar todos os dias um pouco, depois das aulas.

Nota: é desaconselhável estudar depois das refeições e depois de um esforço físico grande.

3.5. Outras sugestões

a) Ter uma alimentação variada e equilibrada

b) Refeição mais importante do dia: pequeno almoço

c) Praticar desporto

4. COMO ESTUDAR UM TEXTO

4.1. **Fases da leitura:**

1. Pré-leitura: antes de se iniciar a leitura de um texto deve-se ler todos os títulos ou subtítulos e as palavras ou frases que se encontram destacadas, atender às figuras, quadros, gráficos, ..., avaliar o interesse do conteúdo, determinar a estrutura geral e fazer dela uma ideia global.

O leitor deve perguntar a si próprio: "Que relação tem este tema com os anteriores?" – ajuda a ordenar de forma lógica os diversos temas estudados, e "O que sei sobre este tema?" – desperta a curiosidade sobre o que vai ser aprendido.

Nesta fase, é útil valorizar certos elementos do texto, como, por exemplo:

a) Informações e sínteses sobre o conteúdo

b) Índice geral, para perceber como se distribuem as informações no seu interior

c) O último capítulo, que quase sempre faz a síntese das conclusões apresentadas ao longo do livro

d) A bibliografia que permite avaliar o alcance e tipo das fontes, etc.

4.2. **Leitura crítica**

A leitura propriamente dita deve ser feita com uma atitude activa da parte do leitor. Por isso, nesta etapa o aluno deve ler o texto todo, quantas vezes forem necessárias, até conseguir respostas a questões como estas:

a) Qual a mensagem transmitida pelo autor?

b) Concordo com as opiniões do autor?

c) As explicações são fundamentadas?

d) Os factos e argumentos são esclarecedores?

e) O que é que o texto tem de novo?

f) Encontro informações úteis? Qual a sua aplicabilidade?

O bom leitor analisa, compreende, interpreta, compara e avalia. Deve consultar o dicionário quando lê, sublinhar sempre que necessário, fazer anotações e tirar apontamentos.

5. SUBLINHAR, TIRAR APONTAMENTOS E FAZER ESQUEMAS

"Escrevendo, aprende-se melhor e guarda-se a informação por mais tempo"

GARNER

5.1. A técnica de sublinhar

Sublinhar bem um livro ou um texto desperta a atenção, ajuda a memorizar e facilita as revisões. Para sublinhar bem, apontam-se algumas regras fundamentais:

a) Sublinhar com moderação: não abusar dos traços e das cores.

b) Alternar dois modos diferentes de sublinhar com uma única caneta ou com um único lápis (por exemplo, usar uma linha recta para informações mais importantes e uma linha tracejada para outras informações). Em geral, basta destacar uma frase ou duas por parágrafo, saltando as frases secundárias e os vocábulos supérfluos. **Sublinhar tudo é o mesmo que não sublinhar nada.**

c) Rescrever à margem, por palavras próprias, os conceitos expressos no texto, quando não for possível destacar vocábulos que *per se* sintetizem o conteúdo.

- Além dos sublinhados, usar outros sinais gráficos que chamem a atenção e facilitem a compreensão. Por exemplo, ligar com um traço ideias semelhantes ou opostas e marcar, com um ponto de interrogação, as palavras que é preciso procurar no dicionário.

- Dar prioridade a definições, fórmulas, esquemas, termos técnicos e outras palavras ou expressões que sejam a chave da ideia principal.

Exemplificando:

LINGUAGEM OBSCENA

Há pessoas que dizem continuamente palavrões, há ambientes em que as pessoas dizem permanentemente palavrões. Outras pessoas não o fazem , noutros ambientes não se faz. Porquê?

Os palavrões, como a animalidade, são uma manifestação de agressividade, uma carga de violência que se exprime na linguagem. O rapazinho aprende os palavrões e di-los com os amigos para mostrar a sua independência do mundo dos adultos, a sua revolta contra a sua ordem. Significado análogo teve a explosão de bestialidades e de obscenidades no início do movimento estudantil de 1968. Servia para contestar, violar as normas, demonstrar que já não obedeciam aos adultos, aos professores, à autoridade do Estado. Um adulto que entrasse numa reunião estudantil ficava espantado e desconcertado. Como se pode falar uma linguagem normal num ambiente em que todos, a cada duas palavras, dizem uma bestialidade ou uma obscenidade? Parece-me ridículo, absurdamente sensato. Por outro lado, fazer o mesmo que eles significa colocar-se ao seu nível. É como que adoptar a sua divisa. Nas assembleias do movimento, a linguagem obscena servia exactamente para estabelecer a diferença entre eles e os outros. É identificar o grupo como entidade separada, com a sua própria identidade.

Todos os grupos, todas as profissões, têm linguagens específicas. Os médicos, os advogados, os notários, os psicanalistas, os engenheiros, os críticos de arte figurativa, os arquitectos. Linguagens deliberadamente incompreensíveis para os estranhos, porque servem para comunicação interna e para preservar as diferenças. É por este motivo que, quando um autor escreve utilizando a linguagem universal (a língua) em vez do dialecto especializado, os adeptos no trabalho irritam-se. Porque é como se fossem traídos.

A linguagem obscena, no entanto, não é um dialecto especializado. Este serve para exprimir ainda com maior precisão os conceitos, para pôr em evidência diferenças subtis. A linguagem especializada não empobrece a língua. Eleva-a. Pelo contrário, a linguagem obscena destrói a língua, degrada-a. Pensemos numa pessoa encolerizada. Quando quer explicar as suas razões com clareza, quando quer argumentar e convencer, grita e diz bestialidades. Perde o controle das ideias e da linguagem articulada. É como se se tornasse afásica. As obscenidades e as bestialidade substituem os pensamentos e as palavras. Na pessoa encolerizada, a parte mais evoluída, mais racional do cérebro fica paralisada e funcionam apenas os centros mais arcaicos, que expõem tensões primordiais. A bestialidade, as obscenidades não são palavras, são gritos, mungidos, grunhidos, zurros, o correspondente humano dos sons animalescos.

In «Público & Privado», de Francesco Alberoni, Cap. 17, pp. 77 e 78, Betrand Editora

Que caminhos percorrer para melhor compreensão do texto acima representado?

– O **1.º passo** a ser dado, e que é comum a qualquer trabalho feito a partir de um texto, é uma **leitura preliminar.**

– **Seguidamente**, deverá desmontar o texto e encontrar as **palavras-chave**. Neste caso, conclui que as palavras-chave do texto são:

– Palavrões

– Linguagem Obscena

– Bestialidade

– Violência

– Agressividade

– Destruir

– Degradar

Numa unidade desenvolvida por expansão, deve-se sublinhar o conceito principal e algumas das suas exemplificações.

– **Depois de encontrar as palavras--chaves**, deverá sublinhar as definições que elas implicam ou respectivas premissas. Exemplo:

«Os palavrões são......que se exprime na linguagem»

Numa unidade de comparação/contraste, sublinha-se os objectivos comparados e os termos de comparação.	– **Posteriormente**, e ainda a partir da definição já sublinhada, constatará os diferentes contrastes entre a linguagem obscena e a linguagem técnica. Exemplos: «A linguagem especializada........eleva-a» «A linguagem obscena........degrada-a»
Numa unidade por relacionamento de causa/efeito, é útil sublinhar ambas as componentes.	– Finalmente, concluiria os efeitos nocivos da utilização da linguagem obscena. Exemplo: «A linguagem obscena (causa) ....destroi a língua, degrada-a» (efeito)

Conclusão: Assim, desmontado o texto, o aluno facilmente chegará à ideia principal:

– Há pessoas que dizem palavrões em ambientes onde se proferem palavrões. No entanto, há que saber distinguir entre linguagem obscena e linguagem técnica ou especializada. Enquanto esta última enriquece a língua, a primeira empobrece-a, impede a transmissão do pensamento, sendo portanto um obstáculo à comunicação.

5.2. Tirar apontamentos

"Compreender significa ser capaz de fazer"

GOËTHE

Conselhos práticos para tirar apontamentos:

a) Não copiar integralmente textos longos, mas seleccionar as partes mais significativas.

b) Pôr entre aspas os textos copiados.

c) Indicar com precisão a fonte, o número da edição, o editor, a data e a página.

d) Os factos ou as ideias devem ser apresentados sem qualquer tipo de ambiguidade

e) A matéria deve ser traduzida com cunho pessoal, embora transmita o ponto de vista do autor.

f) Os pontos principais da matéria devem ser anotados de forma abreviada. O resumo não deve ultrapassar um quarto do texto original.

g) Redigir apontamentos que situem as informações numa relação hierárquica.

6. MEMORIZAÇÃO

> *"Quanto melhor organizado for o material, melhor memorizado será. Deste modo, um todo significativo resistirá melhor ao esquecimento do que um somatório de elementos desligados. A organização de material desempenha um papel fundamental, quer na aprendizagem quer na retenção."*
>
> ANDERSON

Terminada a fase de leitura crítica do texto, em que se sublinha e tira apontamentos, segue-se a fase de revisão e memorização das informações. Teste!

Para isso torna-se necessário atender a:

6.1. **Fichas de vocabulário**

Este tipo de fichas permite concretizar uma dupla operação: se taparmos a coluna da esquerda, pode-se avaliar a nossa capacidade de usar vocabulário apropriado à definição que estamos a ler; se taparmos a coluna da direita, podemos tentar dar uma definição de cada vocábulo.

Exemplos:

Aluvião:	depósito de sedimentos deixados pelas correntes de água.
Pessoa jurídica:	é todo o ente que tem aptidão para ser sujeito de direitos e obrigações, ou seja, tem aptidão para ser um centro de implementação de deveres e poderes jurídicos.
Regime demográfico:	caracterização de uma população no que diz respeito à evolução da taxa de natalidade e taxa de mortalidade e, portanto, da taxa de crescimento natural.
Pessoas colectivas:	organizações constituídas por um agrupamento de pessoas ou por um conjunto de bens que têm em vista a realização de interesses comuns ou colectivos às quais o direito atribui personalidade jurídica.
Abrasão:	processo de erosão da rocha sólida, provocado por fragmentos de rochas transportados por águas correntes, pelos glaciares, pelo vento, ou pela rebentação das ondas marinhas.
Insolação anual:	número médio de horas anuais de sol descoberto (no sul do país chega a atingir 3 000 horas).

6.2. Fichas de perguntas/problemas

As fichas de perguntas/problemas constituem listas de potenciais perguntas, permitindo assim antecipar as perguntas do pro-

Capítulo I – Técnicas de Estudo

fessor e preparar as respectivas respostas. A elaboração destas fichas obriga-nos a raciocinar através da estruturação dos nossos conhecimentos, relacionando as várias informações que possuímos.

Exemplo:

Perante a teoria "A Terceira Vaga" de Toffler, pode-se elaborar a seguinte ficha de perguntas/problemas:

1. <u>Descreve os factores que impelem para essa mudança</u>

   – Abaixamento dos custos das telecomunicações, em contrapartida com os elevados custos de transportes das pessoas para o local de trabalho

   – Baixo consumo energético de teletrabalho

   – Elevado custo de espaço nos escritórios nos centros das grandes cidades

   – Tempo gasto em transportes

   – Importante efeito social sobre a família

2. <u>Impacto na comunidade</u>

   – Maior estabilidade do indivíduo no local de residência

   – Menos relações humanas transitórias

   – Maior participação em organizações locais, Igrejas e Clubes de desporto e/ou solidariedade social.

3. <u>Impacto ambiental</u>

   – Utilização crescente das fontes de energia e alternativas (ex.: eólica, solar)

   – Redução dos gastos de energia em transportes

- Declinação da poluição centrada nos actuais grandes centros
- Criação de pequenas unidades de produção energética alternativa de iniciativa individual ou das pequenas comunidades dos locais de residência

4. Impacto económico

- Criação de pequenas empresas de teletrabalho
- Aumento crescente das lojas de serviços fora dos grandes centros
- Crescimento das indústrias de electrónica e de informação
- Rarefacção das indústrias energéticas tradicionais
- Quebras na indústria automóvel e no comércio mobiliário comercial

5. Impacto Familiar

- Aproximação da família pelo trabalho compartilhado e pela economia de tempo hoje desperdiçado nas deslocações para o trabalho.

6.3. Reorganização dos apontamentos

A forma mais eficaz de memorizar os apontamentos é a elaborá-los em termos de palavras-chave e mapas mentais.

O objectivo deste exercício é o de melhorar a concentração, eliminar o "vaguear mental" e estabelecer uma atitude positiva. Este último ponto destina-se a que a mente se preencha com informação importante, negligenciando a informação desnecessária.

Assim, o exemplo que se segue sobre o conceito de "regime fascista" permite ao aluno, depois de o ter elaborado, reter facilmente a respectiva informação.

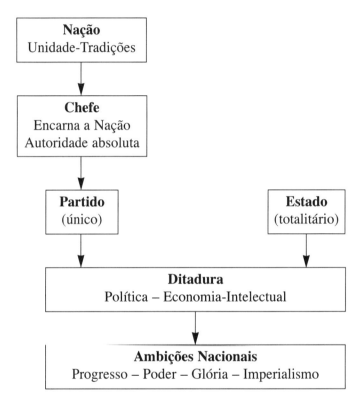

7. TRABALHO DE PROJECTO

"Para lá da zona da entrada sem aventuras situa-se o espaço de projecto, a zona de viagem, o desconhecido mais ou menos conhecido, o reservatório do novo".

A.A. Moles

Investigações pessoais, mais ou menos livres, feitas individualmente ou em grupo, reforçam e ampliam os conhecimentos adquiridos pela experiência, nas aulas ou nas leituras.

O trabalho de projecto deve conter características próprias – métodos e técnicas. Incorpora a intervenção de um grupo de indivíduos com experiências, aptidões e saberes. É um método prático para treinar as capacidades de compreensão e expressão dos alunos. Permite igualmente desenvolver as capacidades de cooperação, o espírito criativo e a responsabilidade, bem como aprender a fazer e a aceitar críticas.

Esta tarefa é uma acção de conjunto e não um somatório de estudos parciais.

Todos os participantes devem colaborar no trabalho, na sua metodologia, nos esquemas de apoio, na concepção final, no passo a passo indispensável para a sua realização. Então, cada um cumprirá uma tarefa previamente combinada que continuamente será mostrada aos outros membros do grupo, discutida e, finalmente, assumida em conjunto.

O trabalho de projecto é uma investigação-acção. Segundo Smith, visa dar um novo sentido à aprendizagem no interior da escola. Distribui-se por etapas sem fronteiras definidas e em cada uma delas desenvolvem-se as estratégias de abordagem dos problemas.

7.1. **Etapas:**

- Identificação/Formulação do problema
- Pesquisa/Produção
- Redacção do trabalho
- Bibliografia
- Apresentação
- Avaliação Final

7.1.1. *Identificação/formulação do problema*

• <u>Indicação do tema do trabalho</u>: deve-se definir e enquadrar bem o tema de acordo com os critérios fundamentais:

- Capacidade individual
- Fontes de consulta: antes de se iniciar um trabalho, deve-se certificar da existência de fontes de consulta
- Tempo disponível: quanto menor o tempo disponível, maior é a necessidade de limitar a fronteira de investigação.

• <u>Constituição do grupo de trabalho</u> – um grupo deve conter um número suficiente de elementos que assegure os recursos indispensáveis à realização da tarefa pedida, para que todos os recursos humanos possam ser aproveitados.

- Elaboração do primeiro plano de trabalho:
  - Definição de regras
  - Definição do plano de intenções
  - Funcionamento
  - Divisão de tarefas
  - Número de horas necessárias para executar o trabalho

Pode parecer uma perda de tempo organizar um plano de trabalho, mas muitos trabalhos escritos são desconexos e caóticos porque faltou a arrumação dos conteúdos. O plano permitir-lhe-á dar uma sequência lógica e articulada a toda a informação, permitindo assim redigir com clareza sem perder o fio condutor das ideias.

7.1.2. *Pesquisa/produção*

- Pesquisa e selecção de recursos (levantamento de materiais/ /fontes que podem ser consultadas – racionalização do trabalho). Terá de socorrer-se de fontes de informação. As fontes mais acessíveis são as obras escritas. Na biblioteca da escola ou nas bibliotecas públicas existem as seguintes fontes essenciais:
  - Livros temáticos
  - Enciclopédias
  - Dicionários

Quando se trata de recolher informações sobre assuntos da actualidade podem-se aproveitar outras fontes tais como:
  - Entrevistas directas
  - Visitas de estudo
  - Observação e experiência pessoal
  - Debates e conferências
  - Mass média (televisão, rádio, jornais e revistas)

- Definição da forma de apresentação do trabalho
  - Dossier
  - Painel – apresentação da informação sobre tela ou madeira
  - Diaporamas – forma de combinar e encadear de maneira harmoniosa e ritmada um conjunto de imagens fixas (fotos, grafismos) – banda visual e um conjunto de sons(palavras, música, ruídos, silêncios) – banda sonora.
  - Jornais murais – Representação em suporte mural a selecção de conteúdos e organização gráfica da informação.
  - Discussão em mesa redonda
  - Simulação
  - Dramatização
  - Transparências: o acetato deve ser:
    - Esquemático (com pouca informação)
    - Simples (atraente e não um texto completo), dez linhas no máximo e não mais de seis palavras por linha
    - Visível (caracteres grandes, cores nítidas), o corpo de letra não inferior a 6 mm. Um corpo de letra maior nos títulos e subtítulos.
    - Respeitar os alinhamentos – apenas 2/3 superiores da transparência devem ser ocupados.
    - As margens devem ter, pelo menos, dois centímetros.
    - Evitar escrever próximo dos cantos.

7.1.3. *Redacção de um trabalho:*

Introdução – serve para apresentar, de forma breve e clara, o tema e o modo de o desenvolver.

A introdução pertence já ao trabalho propriamente dito e tem valor próprio. Deve referir-se ao tema no seu conjunto, inserindo-o na questão a tratar, delimitando as abordagens escolhidas e as razões porque se escolheu.

De seguida, apontam-se as fontes utilizadas e os critérios que levaram à sua escolha. É oportuno que se faça um enquadramento sintético da problemática em geral ou da personagem, para que quem tenha acesso ao trabalho se sinta mais ou menos inserido dentro das questões, da problemática, dos avanços e novas hipóteses ou descobertas, críticas etc.

Seguidamente, é imperiosa a indicação do método utilizado, das experiências metodológicas, das dificuldades na consulta das fontes no tratamento dos dados e da forma como foram superadas.

A introdução, regra geral, é redigida no fim da elaboração do trabalho.

Desenvolvimento ou "corpo" do trabalho

O desenvolvimento constitui a parte mais extensa do trabalho e deve expor de uma forma clara e progressiva os dados recolhidos e o seu tratamento, deixando transparecer a metodologia seguida e o raciocínio do autor. É no desenvolvimento que se explica pormenorizadamente o tema do trabalho, sendo este subdividido em sub-temas.

Conclusão

A conclusão relaciona-se com a introdução, dando resposta às questões levantadas. Deve ser nítida, clara e relativamente breve, deve repetir as conclusões parcelares apresentadas ao longo do trabalho não acrescentando perspectivas novas, encontradas depois da redacção. Daí que, geralmente, não tenha citações, nem referências bibliográficas.

Serve para resumir o "corpo" do trabalho e, sempre que possível, tomar uma atitude crítica.

7.1.4. **_Bibliografia_** – no final do trabalho escrito deve-se apresentar uma lista bibliográfica, feita por ordem alfabética mencionando os seguintes elementos, separados por vírgulas, pela ordem indicada:

- apelido e nome do autor (ou dos autores)
- título e subtítulo da obra (sublinhado ou itálico)
- número de edição (se houver várias)
- local de edição
- editor
- data de edição

Ex:

Sprinthall, N. e Collins, W., _Psicologia do adolescente – uma abordagem desenvolvimentalista,_ 2.ª Edição, Lisboa: Fundação Calouste Gulbenkian, 1994.

Nota: as transcrições dos livros consultados devem ser feitas com fidelidade, identificando sempre a fonte de informação, colocando entre aspas as palavras exactas do autor e as páginas citadas da obra.

7.1.5. _Apresentação do trabalho_

Se a apresentação for oral deverá:

a) Apresentar as partes mais relevantes, evitando ler.

b) Iniciar a exposição da resposta enquadrando o problema.

c) Nunca responder a uma pergunta cujo significado não seja claro

d) Evitar os momentos de silêncio – perante uma pergunta que nos apanhe desprevenidos, reagir repetindo em voz alta os raciocínios que conduzem ao enquadramento do problema

e) Evitar perder demasiado tempo nas premissas, para não impacientar o professor.

f) Quando existem alternativas, tornar explícitos os nossos raciocínios.

g) Nunca perder de vista a pergunta do professor e completar a exposição com uma resposta exaustiva.

Se a apresentação for escrita:

a) Escolher capa sugestiva e elucidativa do trabalho

b) Colocar títulos e subtítulos

c) Utilizar gravuras e documentos referentes ao texto

d) Indicar as páginas

e) Apresentar o índice

f) Indicar a bibliografia

Na capa do trabalho, as margens devem ser respeitadas segundo o esquema seguinte:

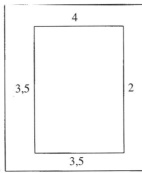

Margens (em centímetros).

A primeira página, chamada página do rosto ou página de título, deve conter sempre e obrigatoriamente os seguintes elementos:

- Nome da instituição escolar
- Título do trabalho
- Nome do(s) aluno(s)
- Tipo de trabalho
- Nome do orientador
- Ano

7.1.6. *Avaliação*

"A maior liberdade nasce do rigor"

PAUL VALÉRY

A avaliação é feita ao longo do percurso do trabalho e tem no final do projecto um papel especial. É globalizante e deve ser desecandeadora de novas questões, de novos problemas mostrando que o processo é aberto, crescente e imparável.

8. A LÍNGUA FALADA E A LÍNGUA ESCRITA

As duas vertentes da linguagem escrita e falada têm características distintas.

8.1. **A linguagem oral**

O modo como cada pessoa fala traduz muito da sua personalidade emocional: contente ou triste, simples ou arrogante, seco ou caloroso, comunicativo ou reservado.

Na linguagem oral há a distinguir entre o que se diz (conteúdo) e a maneira como se diz (forma).

O pressuposto principal da linguagem oral é a interactividade dos interlocutores; caso contrário está-se perante uma situação que coloquialmente se designa, como já foi referido, por diálogo dos surdos.

É fundamental que a linguagem oral seja:

a) **Inteligível** – possua um mínimo de coerência lógica e estruturação racional.

b) **Persuasiva** – modifique os conhecimentos e modele as atitudes. Para tal, o emissor inicia a intervenção com argumentos de impacto, de modo a captar a atenção do receptor.

c) **Empática** – voz agradável e boa dicção, estimulando e aceitando de boa vontade as perguntas do receptor.

d) **Clara e objectiva** – empregar frases simples. Adequar a mensagem ao destinatário, no que se refere ao código, nível de língua e modos de tratamento.

e) **Acompanhada de comportamentos não-verbais** – a mímica e a linguagem corporal e gestual são factores que facilitam a compreensão de um discurso oral.
Actualmente evita-se a estilização hierárquica de movimentos sintéticos dos braços, **dá-se inteira liberdade às características individuais da expressão do rosto e dos movimentos de gesticulação**; a voz acompanha a encenação do gesto, passando de rápida a bem marcada e de aberta a confidencial.

f) **Civilizada**, estabelecendo boa relação interpessoal – não interromper abruptamente, não agredir verbalmente, não humilhar ou ridicularizar.

8.2. A linguagem escrita

a) Ao contrário da linguagem oral, o escrito exige maior rigor. O escrito apresenta as ideias de modo rigoroso e exaustivo, traçando um quadro completo do problema.

b) A pontuação é outro meio de que a escrita se serve. Os sinais de pontuação dão a indicação sobre o modo como o receptor deve transmitir a mensagem. Para além de indicar pausas, acentos e entoações, a pontuação tem também uma função expressiva: permite representar interrogações, exclamações, suspensões etc.

c) A ortografia é outra das marcas específicas da escrita. O escrito pode levar a situações ambíguas se as palavras não forem escritas de forma correcta. É o caso das palavras homófonas, como "conselho" e "concelho".

d) Os acentos também tem um papel importante na identificação das palavras (ex.: pelo/pêlo, duvida/dúvida).

e) As características associadas ao conteúdo emocional/afectivo (timbre, modelação de voz) são quase impossíveis de traduzir num texto escrito.

f) O escrito é de produção mais lenta (para uma pessoa que escreva muito rapidamente, sem pausas a sua velocidade é pelo menos 6 a 10 vezes menor para o mesmo discurso sob forma oral).

9. COMO PREPARAR OS TESTES DE AVALIAÇÃO

> *"Se seguir correctamente o esquema de tempo não precisa de estudar à última hora. Maratonas de estudo, apenas cansam.»*
>
> WHEELER

9.1. **Como preparar os testes**

Como já foi referido, alguns estudantes acumulam as matérias e só estudam de forma intensiva na véspera das provas. Tal atitude origina stresse, fadiga e confusão. Sentem "medo", dores de barriga, nervosismo pelas provas de avaliação. Para que se consiga ultrapassar este problema, deve-se estudar diariamente e fazer, na véspera, apenas uma revisão geral.

O intervalo de tempo entre a revisão e a prova deverá ser o menor possível.

9.1.1. *Conselhos práticos para enfrentar o teste*

a) Planeie o estudo atempadamente, se deseja ter êxito

b) Realize uma revisão final antes de cada prova

c) Treine fichas de perguntas/problemas

d) Resolva testes antigos

e) Seja autoconfiante

9.1.2. *Como dominar as emoções antes dos testes*

Não importa qual seja o nosso estado de espírito – o desafio é manter a calma e assim obterá sucesso.

Respiração
– Fechar os olhos e concentrar-se no acto de respirar, sentir o ar a entrar nas fossas nasais e a passar pela traqueia em direcção aos pulmões, durante um minuto ou dois.

– Acompanhar a respiração contando mentalmente de 1 a 10, inspirando ao contar e em seguida expirar.

Rosto
– Contrair os músculos faciais e descontraí-los depois, lentamente.

Braços
– Esticar os braços para os lados e puxar os dedos lentamente, manter a tensão por uns momentos e depois descontrair completamente.

Ombros
– Fazer subir os ombros até à altura das orelhas e, após uma breve pausa, baixá-los lentamente até uma posição normal.

Costas
– Levantar os braços puxando os cotovelos atrás e levar os punhos à altura do peito. Nesta posição, exercer o máximo de tensão ao nível dos ombros e um pouco abaixo da metade das costas, indo aos poucos voltando à posição inicial, com os braços pousados sobre as pernas.

Tórax
– Contrair o peito de forma a deixá-lo rígido, comprimindo-o como se quisesse reduzir os pulmões; em seguida, relaxar progressivamente o tórax.

Pernas

– Deitado no chão, manter os calcanhares unidos, esticar as pernas e os dedos dos pés e depois descontraí-los completamente.

Estômago

– Comprimir os músculos do estômago até os sentir duros e, em seguida, calmamente, relaxar.

Faça isto! Verá que vai mais descontraído para o teste.

9.1.3. *Como realizar o teste*

• Começar por preencher o cabeçalho
• Ler cuidadosamente as instruções. Qualquer dúvida, em termos de compreensão das questões, poderá ocasionar falhas nas respostas.

Ter em atenção:

– O número de questões do teste

– A sua organização

– A existência de perguntas obrigatórias

– A ordem pela qual têm que ser respondidas

– O tipo de questões: objectivas, respostas curtas ou respostas de desenvolvimento

– Qual a cotação de cada questão

– Evitar deixar questões em branco

– Se a ordem das questões for opcional, começar por fazer, em primeiro lugar, as mais cotadas

- No caso de perguntas opcionais fazer a escolha rapidamente

- Deixar um pequeno período de tempo para rever as respostas, sobretudo as de desenvolvimento

- Planear a ordem pela qual se vai respondendo às questões. Poder-se-á optar por responder primeiro às mais fáceis de forma a aumentar a segurança e a autoconfiança.

- Não esquecer de numerar as respostas devidamente

- Se tiver dúvidas relativamente às instruções, esclareça-se junto do professor

- Em questões de escolha múltipla leia sempre todas as alternativas

- Tente lembrar-se de um facto esquecido, através da associação: pense no livro onde leu, na página, ou no esquema de estudo que elaborou.

9.1.4. *A reacção aos resultados dos testes*

"O medo, levou as pessoas ao silêncio!..."

(DANIEL COLEMAN)

a) Assuma as responsabilidades perante uma nota negativa. Lembre-se que uma pessoa que falha uma vez não é um falhado

b) Aproveite o aviso das notas baixas para adoptar novos métodos de estudo e aumentar o tempo de estudo.

c) Aproveite os erros para tirar lições

d) Deve estudar diariamente para evitar novos insucessos.

e) Não se deixe vencer pelos momentos de desânimo: tente ser persistente.

f) Acredite sempre que é capaz.

g) As boas notas devem ser encaradas como estímulo.

h) Uma boa nota deve representar um êxito, reforçar a motivação e a autoconfiança do estudante.

CAPÍTULO II

Inteligência Emocional

1. QUOCIENTE DE INTELIGÊNCIA E QUOCIENTE EMOCIONAL

"Quando os homens fracassam o que lhes faltou não foi inteligência foi paixão!"

STRUTHER BURT

O objectivo deste capítulo é reflectir sobre o controlo das emoções na escola, em casa e no trabalho. O saber gerir emoções e impulsos negativos, negociar e resolver desacordos, reconhecer e ir ao encontro das necessidades do outro, ouvir com abertura, admitir os próprios erros, sair do espaço de agressividade, entre outros, são talentos humanos denominados de **inteligência emocional**. Manter a calma, a razão, o optimismo e dominar estados de cólera, irritabilidade, angústia ou ansiedade, fortalecem o nosso estado imunitário tornando-nos mais saudáveis.

A investigação filosófica de Aristóteles sobre a virtude, o carácter e a boa vida, desafia-nos a gerir a nossa vida emocional com inteligência. As nossas paixões (quando bem exercidas) têm sabedoria: guiam o nosso pensamento, os nossos valores, a nossa vida quotidiana. O grande desafio, é como tornar inteligentes as nossas emoções.

O futuro pertence àqueles que tiverem um Q.E. (Quociente Emocional) elevado porque os verdadeiros valores de amanhã serão a intuição, a compreensão, a simpatia, a concentração.

Goleman esclarece que o Q.I. (Quociente de Inteligência) determina quem é inteligente e pode esperar tudo da vida e quem, por ser pouco dotado, nada tem a ambicionar. Agora é diferente. O Q.E. não é um número, é um conjunto de aferições que Goleman reúne em cinco grandes pontos:

1. A autoconsciência – saber reconhecer um sentimento tal como ele é. A nossa incapacidade para percebermos os nossos verdadeiros sentimentos deixa-nos à sua mercê. A autoconsciência é a chave de tudo, de acordo com a teoria de Daniel Goleman.

2. Saber lidar com os sentimentos – controlar a angústia, a tristeza, a euforia, a irritabilidade. As consequências da derrota desta capacidade emocional básica podem levar a um estado depressivo permanente, a um sentimento de impotência perante a adversidade.

3. A auto-motivação – essencial para a criatividade; as pessoas que têm esta capacidade conseguem sempre ser mais produtivas e empenhadas que as outras.

4. Saber reconhecer – as emoções dos outros. As pessoas que conseguem estar atentas às necessidades dos outros têm mais armas para lutar e para vencer tudo, até em profissões como a de professor, vendedor e empresário.

Numa época em que não existem garantias de segurança no emprego, são as nossas qualidades fundamentais que nos tornam e nos conservam empregáveis. A forma como as pessoas se gerem a si próprias e se relacionam com aqueles que as rodeiam constitui um desafio arrojado, mas é o desafio do qual pode depender a nossa felicidade e a nossa sobrevivência. Cada um de nós possui um perfil pessoal de pontos fortes e pontos fracos.

Parece que já ninguém tem o emprego garantido em lado nenhum. Vivemos tempos duros para os trabalhadores. O sentimento assustador da precariedade do emprego implica o alastrar do medo, da confusão e da apreensão.

A instabilidade dos postos de trabalho é agora um facto perturbador do dia-a-dia. E faz parte de um maremoto que devasta as economias principais do mundo desenvolvido, na Europa, na Ásia e na América. A prosperidade não constitui garantia de emprego, os despedimentos continuam mesmo no seio de uma economia em expansão.

Cada pessoa tem de ser capaz de fazer parte de uma equipa, mas também de estar preparado para sair e ser auto-suficiente.

As pessoas começam a compreender que o êxito exige mais do que a excelência intelectual ou competência técnica e que precisamos de um outro tipo de capacidade para sobreviver – e certamente para prosperar – no cada vez mais turbulento mercado de trabalho. Qualidades pessoais como a resistência emocional, a iniciativa, o optimismo, a liderança, a adaptabilidade estão a receber uma nova dimensão.

Nas décadas de 60 e 70, as pessoas triunfavam com óptimas classificações conseguidas nas escolas. Mas o mundo está repleto de homens e mulheres com boas habilitações literárias, outrora promissores, mas que estagnaram na carreira – ou, pior ainda, descarrilaram – devido a carências notáveis em inteligência emocional.

O Q.I., limiar de competência, é necessário para triunfar, mas não é suficiente. As capacidades da inteligência emocional são o mote de desempenho superior.

Que factores estão em jogo quando, por exemplo, pessoas com um Q.I. elevado falham e outras com um Q.I. mais modesto triunfam? Que podemos nós modificar para que possamos ajudar os nossos filhos a serem bem sucedidos na vida?

A diferença reside frequentemente nas capacidades adquiridas de autocontrole, de zelo e de persistência.

A inteligência emocional conta mais do que o Q.I. ou a especialização na determinação de uma carreira profissional.

Um determinado conjunto de competências, incluindo a empatia, a autodisciplina e a iniciativa, distingue os mais bem sucedidos daqueles que são apenas suficientemente bons para conservar o emprego.

No último quarto de século, uma investigação efectuada em centenas de trabalhadores, desde empregados administrativos a executivos de topo, em organizações de vários tipos, permitiu concluir acerca da existência de um núcleo comum de capacidades pessoais e sociais – a inteligência emocional.

As aptidões necessárias para triunfar começam com a capacidade intelectual, mas as pessoas necessitam também de competência emocional para aproveitar ao máximo os seus talentos. A razão porque certas pessoas não atingiram o potencial máximo está na incompetência emocional. Uma **competência emocional** é uma capacidade apreendida, baseada na inteligência emocional, que resulta num desempenho extraordinário no trabalho, no controlo dos impulsos, na canalização das emoções para situações apropriadas.

A nossa competência emocional mostra até que ponto traduzimos esse potencial nas capacidades profissionais. Por exemplo, ser bom a atender clientes a um balcão é uma competência baseada na empatia.

A posse de uma elevada inteligência emocional não garante por si só que uma pessoa adquira as competências emocionais que importam para o trabalho; significa apenas que possui um excelente potencial para as aprender.

A importância da inteligência emocional cresce à medida que se sobe numa empresa. O nível da função aliado ao menor grau académico torna mais importante a inteligência emocional.

Pode-se dizer que, para um desempenho excelente em todo o tipo de trabalho, em todas as áreas, a competência emocional é mais importante que as aptidões puramente cognitivas.

Capítulo II

A situação de liderança é explicada também em razão da competência emocional.

Por não gerirmos convenientemente as nossas emoções, adquirimos verdadeiras doenças relacionais, ferindo-nos uns aos outros. O abuso de tabaco e de álcool, dificuldades de comunicação, solidão crescente, marginalização, racismo e exclusão ... são sintomas de uma doença social. É urgente aprendermos a dominar as nossas emoções.

A arte do relacionamento social pode ajudar a gerir os sentimentos e as emoções alheias.

Q.I. e Q.E. não são competências opostas. Um excelente Q.E. pode acompanhar um brilhante Q.I. Na pior das circunstâncias, um Q.E. moderado pode corresponder a um Q.I. médio. Um não depende do outro.

Estudos feitos por Daniel Goleman revelam que estas características também variam com o sexo. O homem é ambicioso, produtivo, previsível, pouco dado a conflitos interiores, aborrecido, inibido, complicado, desprovido de sensualidade e emocionalmente frio. Por contraste aqueles que têm um elevado Q.E., ou inteligência emocional, são muito sociáveis, estimulantes, sem grandes medos nem rancores. Têm uma enorme capacidade para envolver pessoas em causas ou projectos, são responsáveis e preocupam-se com a ética. Finalmente são simpáticos e fazem amigos com facilidade. A sua vida emocional é rica, está sempre preenchida e sentem-se bem na sua pele. Em resumo, são o homem ideal.

As mulheres com um super Q.I. são aquelas que têm uma previsível (e justificada) confiança nas suas capacidades intelectuais. São fluentes a exprimir as suas ideias, interessam-se pela arte e pela cultura e valorizam, acima de tudo, o lado intelectual dos outros. Estas mulheres têm tendência a ser introspectivas, dadas a estados de ansiedade, "ruminação", culpa e muito reticentes a demonstrar estados de alma violentos, embora o façam de maneira subtil.

As mulheres com excelente Q.E., pelo contrário, exprimem os seus sentimentos com grande facilidade e naturalidade, são positivas, optïmistas e a vida faz sempre sentido para elas. Tal como os homens dotados de um sólido e construtivo Q.E., são sociáveis e enfrentam bem o stresse, saõ espontâneas (mesmo que se arrependam mais tarde) e sexualmente saudáveis. Ao contrário das mulheres de Q.I. elevado mas Q.E. moderado, raramente se sentem culpadas, ansiosas – mulheres perfeitas.

Todos nós misturamos Q.I. e Q.E., a única diferença é a dosagem de um e de outro.

2. O STRESSE MATA

> *O stresse, a raiva, a solidão e a tristeza*
> *abatem o nosso sistema imunitário, tor-*
> *nando-nos mais susceptíveis à doença.*
> *Não se preocupe ... Seja saudável!*
>
> BERGERON

O domínio da Inteligência Emocional reflecte-se a níveis vários, nomeadamente no controlo do stresse, que assume particular importância nos dias de hoje.

Sempre existiram problemas com que nos preocupámos, trabalhos cansativos, relações emocionais, factores de ansiedade. Então, porque se fala tanto agora de stresse? Porque aumentou o esforço que é necessário fazer para lidar com tudo. Mudaram os estilos de vida, aumentou a competitividade, o ruído sonoro, o grau de exigência, os apelos à comunicabilidade, a velocidade da mudança.

O stresse é definido como uma reacção emocional, física e cognitiva que um indivíduo tem perante uma situação que exige de mais dele próprio.

A palavra stresse, apesar de ter origem inglesa, está relacionada com «stringere», (italiano) que significa apertar, restringir, comprimir. Foi adoptada para designar as agressões externas que provocam desequilíbrios no organismo. É o esforço que cada um de nós tem de fazer para se adaptar às situações do dia-a-dia. E, como sabemos, o dia-a-dia nas cidades tornou-se mais vertiginoso, com mais exigências de eficiência e rentabilidade, aumentando o esforço de adaptação necessário e o desgaste.

Mas, ao contrário do que muita gente pensa, tanto o défice como o excesso de stresse podem originar problemas de saúde, porque o stresse também é o estímulo e a adrenalina necessários para ter motivação para a vida. Cada um deve encontrar o seu nível óptimo de stresse.

Em busca deste nível adequado de estímulo, e porque grande parte do stresse das nossas vidas advém do trabalho, muitas empresas procuram já introduzir os seus trabalhadores em programas, alguns ligados ao desporto, outros ao descanso, para combater o stresse e em alguns casos, simultaneamente, aproveitar para desenvolver novas competências nos seus quadros.

2.1. **Causas do stresse**

Uma das principais causas do stresse é o trabalho, devido principalmente ao aumento de competitividade e ao facto de vivermos numa aldeia global, com efeitos perversos, onde facilmente estamos comunicáveis, encontramos soluções mas também criamos problemas.

As maiores fontes de stresse são:

a) O acumular da excessiva competitividade interna ou de mercado.

b) Desentendimentos conjugais, perda de autoridade paternal.

c) A mudança e a dificuldade em lidar com processos de mudança.

d) Rendimentos insuficientes.

e) Desemprego.

f) Desconforto no ambiente de trabalho (a luz, o ar, o mobiliário de escritório, computadores).

g) Falta de motivação.

h) Medo, ansiedade, frustração.

i) O desajuste com alguém com quem se trabalha.

j) Agressão dos meios de comunicação.

l) Não gostar do que se faz e a obrigatoriedade de lidar com essa situação diariamente.

2.2. Os sintomas do stresse

Os principais sinais físicos do stresse são as úlceras, colites, perda do apetite ou bulimia, aumento do ritmo cardíaco e da tensão arterial, boca seca, excesso de adrenalina e colesterol, cefaleias e náuseas, erupções cutâneas, formigueiros nas mãos e pés, maior tendência para gripes (em geral diminuição da imunidade, responsável pelas infecções).

A nível psíquico, as pessoas podem sentir grande agressividade e emotividade, tristeza e apatia, dificuldade de concentração, falta de memória, falta de confiança e auto-estima.

Podem surgir problemas sexuais e dificuldade de relacionamentos pessoais.

3. O STRESSE E A INTELIGÊNCIA EMOCIONAL

A luta contra o stresse exige um esforço pessoal para encontrar um equilíbrio harmonioso na vida familiar e profissional, consagrando tempo ao exercício físico, optando por uma alimentação racional e renunciando definitivamente ao cigarro e ao abuso de excitantes, como o café e o chá.

A vitamina C desempenha um papel importante na adaptação do organismo ao stresse, reforça a resistência a infecções e desempenha mesmo uma função preventiva contra o cancro.

Adicionar bom humor ao dia-a-dia é uma importante saída para reduzir a tensão e aumentar a produtividade na escola e no trabalho.

Há um ditado que diz: "ria e o mundo rirá com você; chore e você chorará sozinho". Dar risadas alivia o stresse, reforça e melhora a relaçao com os outros. O sorriso derruba barreiras, desarma, envolve as pessoas e diminui as diferenças.

O bom humor melhora a comunicação interpessoal, motiva e reduz o stresse.

Dê a sua contribuição: conte piadas ou relate um facto qualquer que possa provocar risadas. Mas mantenha o bom senso. Invente para cada problema a técnica para quebrar o gelo, seja mais flexível, não leve a vida a ferro e fogo; aja mais e preocupe-se menos. A maioria das angústias da vida é imaginária.

Stuart Robertshaw, professor da Universidade de Wisconsin (E.U.A.), dá uma receita simples para superar os aborrecimentos quotidianos: "comece cada dia sorrindo por 30 segundos enquanto se olha ao espelho". Ele observa que esse pequeno exercício será difícil nos primeiros dias, mas garante que, quando a prática se tornar um hábito, tornar-nos-emos mais bem humorados e atractivos.

O stresse pode ser uma doença mas também a fonte de muitas doenças.

Quem reage ao stresse com ânimo, encarando o trabalho com energia e paixão e a mudança como uma oportunidade para o desenvolvimento em vez de uma ameaça, suporta com mais facilidade o peso do stresse, passando por situações de stresse com menos problemas de saúde.

Um paradoxo na vida laboral é que a mesma situação pode ser vista por uma pessoa como uma ameaça devastadora e por outra como um desafio apaixonante. Com as competências emocionais correctas, o que parece ameaçador pode ser encarado como um desafio e enfrentado com energia ou mesmo entusiasmo.

3.1. **Competências básicas de resistência ao stresse**

Para resistir ao stresse torna-se necessário:

Ser consciente e inspirar confiança, manter a integridade e ser responsável pelo desempenho pessoal

As pessoas que possuem esta competência são:

- *a*) inspiradoras de confiança
- *b*) agem com ética e de forma irrepreensível
- *c*) criam confiança graças à sua fiabilidade e autenticidade
- *d*) admitem os próprios erros e confrontam os outros com actos antiéticos
- *e*) adoptam posturas firmes e de princípios, mesmo quando estas são impopulares

f) cumprem os compromissos

g) mantêm-se responsáveis para cumprir os objectivos

h) são organizadas e cuidadosas no trabalho

Ter autodomínio: manter sob controlo as emoções e os impulsos.

As pessoas que possuem esta competência:

a) gerem bem os sentimentos impulsivos e as emoções deprimentes

b) conservam a postura, mantendo-se positivas e imperturbáveis mesmo nos momentos difíceis

c) pensam com clareza

3.2. **A ansiedade**

De acordo com as definições de stresse ("resposta não específica do nosso organismo a toda a exigência que lhe é feita") e de ansiedade ("medo injustificado"), tratar-se-ia de duas coisas completamente diferentes.

Mas, na realidade, não é assim, pois a manifestação mais constante do stresse é a ansiedade, e a ansiedade constitui também um estado de stresse psicológico.

Enquanto que o stresse é uma situação testada mais de ordem socio-fisiológica – reacção do nosso organismo às exigências da nossa sociedade, que se manifesta sob a forma do síndroma geral de adaptação, a ansiedade é sobretudo psicológica e mais especificamente individual.

Stresse e ansiedade provocam, porém, as mesmas perturbações, as mesmas doenças, designadas pelo nome de "doenças psicossmáticas".

Para comprovar as consequências da ansiedade sobre a saúde das pessoas, foi feita uma experiência em que se recolheu sangue de 75 estudantes por duas vezes: primeiro, uma por mês antes dos exames finais, depois diariamente, durante o período de exames.

Todos os estudantes eram adultos saudáveis, cuja simples presença na faculdade dava a entender que estavam sob a tensão provocada pelos exames.

Quando foi analisado o primeiro lote de sangue, verificou-se que os estudantes que mais sofriam de stresse queixavam-se de constipações frequentes.

De imediato, foi administrado a 48 estudantes uma vacina de hepatite B durante o período de exames: os 12 estudantes menos "stressados" com os exames produziram rapidamente suficientes anticorpos para combater o vírus de hepatite B, enquanto os outros demoraram seis meses para alcançar os mesmos efeitos.

Ainda mais interessante, um outro estudo demonstrou que os estudantes definidos em testes psicológicos como "solitários" tinham os níveis altos de actividade das células assassinas. Em contrapartida, sujeitos que consideravam que tinham maior apoio social, quer de companheiros quer de amigos, responderam melhor à vacina. Uma emoção – a solidão, por exemplo – conseguiu realmente alterar o funcionamento do organismo destes estudantes.

Outra experiência foi feita no sentido de saber se a raiva deixava as suas marcas no sistema imunitário. Desta vez, as cobaias foram casais recém-casados que foram levados para o laboratório para se porem a discutir. Entre noventa casais estavam Patrícia e Paul Baron. Oito anos depois, ainda têm más recordações da sua estadia no hospital: análises de sangue de hora a hora, entrevistas repetidas com investigadores que primeiro agitavam as águas, tocando exactamente nos pontos emocionais mais sensíveis da relação, para depois se retirarem, deixando-os numa acesa discussão. Neste caso, Patrícia queria ter filhos e Paul não, e, embora a discussão não tivesse assumido tons dramáticos, a verdade é que ficaram a saber que mesmo desentendimentos menores provocam uma imediata alteração hormonal que baixa a capacidade do sistema imunitário.

Para complicar tudo, enquanto tanto homens como mulheres registavam mudanças provocadas pela "zanga", os níveis hormonais das mulheres subiam muito mais e mantinham-se elevados mais tempo do que os dos homens. Contudo havia mulheres que reagiam com menor dramatismo que outras. Foi descoberto que quando os homens se recusavam a continuar a discussão, retirando-se, as mulheres ficavam com níveis hormonais mais altos. Os homens estavam a "desligar" as suas emoções, protegendo assim o seu sistema imunitário. Mas as mulheres tinham então de fazer um esforço acrescentado para enfrentar e resolver os problemas, o que imediatamente as colocava em maior risco.

Não há dúvida que a ansiedade provoca doença. O que ainda não se sabe é qual o grau para nos pôr doentes e, sobretudo, o que é que podemos fazer para evitar os seus efeitos. Embora se tenha conseguido resultados positivos com técnicas de descontracção e prática de exercícios, ainda não há receitas. Mas, o que está provado é que quem é feliz tem mais probabilidades de se manter saudável. Investigações sobre os efeitos da ansiedade na recuperação de doentes com cancro de mama revelaram que as mulheres que, após a cirurgia, integraram um grupo de apoio viveram em média mais 18 meses do que as outras. Retirando sangue a 60 doentes com este problema, conseguiu-se provar que os tumores crescem mais depressa quando o sistema imunitário é afectado por stresse e por algumas outras emoções: "Se descobrirmos o que se passa, talvez consigamos fortalecer o sistema imunitário através de mecanismos de apoio social ou aplicações de novas drogas."

O Homem emocionalmente maduro é caracterizado pela inteligência do coração: ele não pode continuar indiferente ao destino do outro, não pode tolerar mais a injustiça, o cinismo ou o sofrimento, e sobretudo não pode participar nisso.

O Homem autónomo e emocionalmente maduro vira-se para os outros, quer cumprir a sua "missão", realizar o seu potencial, utilizar os seus recursos para personificar os seus valores, disponibilizar as suas próprias competências ao serviço de qualquer coisa que tenha sentido para o universo.

A urgência é afectiva. Já não podemos evitar o desenvolvimento da nossa inteligência emocional. A emoção, como toda a linguagem, tem uma gramática. Podemos aprender a exprimir-nos, a mostrar os nossos sentimentos e a sentir os dos outros. Podemos aprender a dominar os nossos medos, a partilhar as nossas alegrias, a atravessar um luto e a dominar as nossas cóleras sem as enterrar no fundo de nós, convertendo-as em angústia, depressão ou doença.

Podemos aprender a cooperar, a animar um grupo (ou a animarmo-nos em grupo) e a resolver os conflitos de forma não violenta. A alfabetização emocional é o desafio actual. Ouçamos os nossos corações em conjunto.

4. ESCOLA DEMOCRÁTICA

Frequentemente vemos notícias na comunicação social sobre o aumento de violência nos adolescentes. Verifica-se que uma das razões por que estes jovens são tão deficitários na gestão da sua vida, dos seus conflitos e capacidades é não terem sido ensinados a mostrar empatia e a controlar os seus impulsos ou a desenvolver as competências emocionais fundamentais. Ao serem privados desta aprendizagem a sua personalidade ficou mais fraca e vulnerável.

4.1. **A escola no âmbito da educação emocional**

O princípio da educação emocional é ensinar ao indivíduo o sentido do respeito e da responsabilidade. Não apenas dizendo-lhes ou impondo-lhes responsabilidades mas compartilhando responsabilidades com eles.

Na escola aprende-se história, geografia, matemática, francês, desenho, etc. E sobre a afectividade o que é que se aprende? Nada. Nada sobre a forma como intervir quando se desencadeia um conflito. Nada sobre o domínio do medo, nada sobre a expressão sã da ira.

O ensino desenvolve o espírito de competição: não se luta em colaboração com os colegas, mas sim contra eles, não se é o primeiro da aula para honrar a classe, mas sim contra ela; cada aluno tenta "esmagar" os outros alunos.

Verifica-se actualmente na nossa sociedade um desfasamento entre as exigências intelectuais que ela faz a cada um dos seus membros e aquilo que nos oferece do ponto de vista da segurança e da afeição.

Oitenta por cento da nossa vida diária é passada em silêncio. Não seria tão útil termos alguma noção sobre a consciência de nós próprios e sobre a descodificação das emoções?

Vive-se um importante momento de evolução da sociedade: o fortalecimento do individualismo, isto é, o crescimento da importância do indivíduo enquanto pessoa. Antes os indivíduos tinham que moldar-se às instituições, agora é ao contrário, é "a passagem de uma sociedade de sobrevivência para uma de realização pessoal".

O indivíduo ganha importância enquanto dotado de valor e de responsabilidade. Prova disso é o direito do consumidor, associações de pais e alunos nas escolas; nas empresas, funcionários reivindicam valores de cidadãos. As suas aspirações deixam de ser meramente de salários e condições de trabalho: "o homem reivindica cada vez mais o direito de construir a sua vida em função das suas aspirações sociais, da sua realização pessoal, onde os chamados benefícios intangíveis ganham mais importância, reconhecimento e aceitação." Não somos mais cérebros sem mãos, mas sim pessoas com paixões, frustrações, medos e anseios.

O mesmo acontece com os jovens. Estes têm acesso a informações ricas de fontes inumeráveis, sem discutir a qualidade destas informações – há boas e más, edificantes e desedificantes. Como cidadãos e como pais, todos nós estamos preocupados com a escalada de violência juvenil e com o desrespeito pelos valores primários básicos. Jovens e adolescentes que se entregam a drogas, que se envolvem em crises desconhecem os valores fundamentais da família e da cidadania. Tudo isto se reflecte numa cultura que só apostou no intelecto, relegando o lado emocional.

É necessário aos jovens que aprendam, antes de mais, o alfabeto emocional, as aptidões essenciais:

a) autoconsciência

b) manutenção do optimismo

c) perseverança, apesar das frustrações

d) aumento da empatia – a capacidade de ler as emoções do outro

e) cooperação, envolvimento e respeito interpessoal

f) capacidade de se motivar a si mesmo

Os jovens de hoje já não aceitam ser educados como na era industrial: disciplina sem contestação, cumprimento de horários rígidos, respeito soberano pelas instituições. Querem sobretudo respeitar quem lhes dê oportunidade de realização e auto-descoberta, querem aprender como a disciplina pode ajudá-los a tirar melhor proveito dos seus talentos.

O princípio da educação emocional é ensinar ao indivíduo o sentido do respeito, da importância e da responsabilidade.

Para ensiná-lo a respeitar os valores fundamentais, é necessário ensinar-lhe a respeitar-se a si mesmo. O educador não precisa de ser uma autoridade explícita, mas a sua autoridade está relacionada com sua a capacidade de liderança. Só o respeito fundamental pelos sentimentos, emoções e valores individuais pode construir um cidadão responsável e emocionalmente pronto para a vida social sadia e produtiva.

A escola no âmbito da educação emocional deve:

a) **Ensinar a aprender** – principalmente num mundo onde a tecnologia se desenvolve rapidamente e as informações se reciclam diariamente.

b) **Enfatizar a criatividade** – é preciso lembrar que o robot substitui as nossas mãos e o computador substitui o nosso raciocínio.

c) **Respeitar e motivar talentos e características individuais** – o ensino não pode mais ser massificado.

d) **Enfatizar as actividades em grupo e o conceito de liderança**

e) **Ensinar técnicas de relacionamento inter e intra--grupais.**

f) **Investir nas tecnologias modernas de ensino**, como computadores e vídeos, respeitando o canal de comunicação mais afectivo do aluno – como ensina a neurolinguística: auditivo, cinestésico e visual.

g) **Facilitar a interacção professor-aluno.**

h) **Aprender a conhecer** (adquirir os instrumentos da compreensão – aprendendo a aprender).

i) **Aprender a fazer** (para poder agir sobre o seu meio).

j) **Aprender a viver juntos** (a fim de participar e colaborar com os outros).

l) **Aprender a ser** (via que integra os precedentes).

Todos somos penalizados pela falta de educação adequada da juventude. É importante o surgimento de uma "Escola Democrática". Uma escola democrática deve estabelecer com clareza, (fundando-se nas necessidades intrínsecas dos educandos) os fins educativos que persegue, fins que sejam válidos para todos os seres humanos, mas simultaneamente se apresentem adequados aos seus destinatários concretos, no aqui e agora em que se situam, de forma a que cada um possa atingir os seus objectivos.

Às escolas cabe assumirem-se como espaços determinantes de desenvolvimento onde todos os alunos encontrem sentido, sendo que esse desiderato não surge por acaso nem é oferecido, é antes uma conquista que terão de perseguir incessantemente. A cada professor, dado que um acto educativo é irrepetível e único, cabe a responsabilidade de tomar, a cada instante, decisões que moldarão (solidariamente com os outros professores) o futuro.

4.1.1. *A escola como organização*

Cada vez mais se faz sentir a necessidade de uma Escola "apta a fomentar a aquisição de uma base sólida e alargada de aprendizagens relevantes". Para tal, há que conseguir "criar ambientes de trabalho para alunos e professores, com os recursos necessários para desenvolver a participação dos jovens na escola e na sociedade, a sua capacidade de iniciativa, o seu sentido de responsabilidade".

Não poderá ser nunca uma escola de elites baseada num modelo "liceal", programática e transmissora, pois esta não poderá responder às novas necessidades emergentes, mais complexas e diversas, causadas por um mundo em acentuada transformação e por um público-alvo cada vez mais diversificado sob todos os aspectos, a nível sociocultural, étnico e religioso, assim como no respeitante aos interesses individuais.

Antes terá que ser uma escola capaz de se transformar, de se reinventar na procura das melhores soluções e dos melhores caminhos que lhe permitam formar para uma cidadania plena, em condições de igualdade real de oportunidades.

Isto só será viável se forem dados aos educandos e professores meios de pôr em prática os seus saberes específicos, as suas competências próprias sem estarem permanentemente condicionados na sua acção a uma pesada burocracia que lhes cerceia a criatividade, planeamento, decisão e execução. É necessário que a escola proporcione aos docentes espaço de exercício da sua autonomia profissional, sempre, obviamente, num quadro de participação e de cooperação e não puramente individualista.

Ora tal só é possível no âmbito de uma escola democrática. Terá que ser uma escola que combata a exclusão social e a discriminação em vez de acentuá-las; que respeite e atenda à diversidade como factor do seu próprio enriquecimento; que busque incessantemente novas formas de combate ao insucesso escolar e, sobretudo, educativo.

Há leis na comunicação, conhecimentos que se podem adquirir, procedimentos a tomar, um "saber estar" a desenvolver. A linguagem das emoções tem uma gramática. Animar uma reunião, falar em público, vencer a timidez, responder à agressividade, afirmar-se, dar a sua opinião, ouvir, compreender as reacções dos outros, motivar uma equipa e motivar-se a si mesmo, aceitar as emoções, encarar a adversidade ou a mudança, resolver conflitos ... No quadro da formação contínua, os seminários de relações humanas oferecem hoje em dia múltiplas ocasiões para alimentar as nossas competências relacionais.

A inteligência emocional manifesta-se no poder de compreensão do outro, na intuição, no controlo das emoções e na capacidade de conhecer como se é – autoconsciência.

A capacidade de nos apercebermos dos nossos estados de espírito e emoções, de os distinguirmos e de agirmos de forma adequada, pressupõe um elevado grau de autopercepção. Esta é a chave para o autoconhecimento e constitui a base do comportamento emocionalmente inteligente. Para obtermos os melhores resultados, precisamos de cabeça e sobretudo de coração.

A interacção entre a razão e o sentimento determinam o nosso pensar e agir, influenciando os nossos comportamentos mesmo que nem sempre tenhamos consciência disso. A base do sucesso nos estudos, no trabalho, reside, assim, na combinação conveniente da complexidade da nossa vida emocional com a nossa razão.

5. TESTE O SEU QUOCIENTE EMOCIONAL

Faça este exercício. Assinale com × a resposta que considera correcta.

Esqueceu o aniversário do seu amigo porque:

    A. Nunca se lembra dos anos de ninguém

    B. Estava preocupado com outras coisas

Na biblioteca reclamam-lhe 1.000$00 por um livro que se esqueceu de devolver porque:

    A. Quando está apaixonado por um livro, esquece-se de tudo, inclusive da data em que o deve devolver

    B. Estava tão ocupado a fazer o seu relatório que se esqueceu de trazer o livro

Perdeu a calma com uma amiga porque:

    A. Ela está sempre pronta a lamentar-se

    B. Ela estava muito agressiva

As finanças obrigam-no a pagar uma multa por ter enviado tarde a sua declaração de rendimentos. Pensa:

    A. Trato sempre tarde de mais dos meus impostos

    B. Estou farto de pagar impostos este ano

Sente-se completamente esgotado porque:

A. Nunca reserva tempo nenhum para relaxar
B. Esteve extremamente ocupado durante toda a semana

Uma amiga diz-lhe qualquer coisa que o magoa. Pensa:

A. Ela nunca tem cuidado com as coisas que diz
B. Ela estava de mau humor, foi por isso que me atacou

Uma grande queda a fazer ski. Conclui que:

A. O ski é um desporto difícil
B. A pista estava escorregadia

Ganha peso durante as férias e não consegue recuperar a linha. Conclui:

A. As dietas não servem para nada
B. A dieta que eu segui não era eficaz

Resultados: quantas mais respostas A tiver dado, mais possibilidades tem de ter um Q.E. baixo. Pelo contrário, quantas mais respostas B tiver maior é o Q.E.. Se as respostas A forem em maior número não entre em pânico. A inteligência emocional é por definição complexa. Combina uma data de qualidades diferentes, como a consciência de si, a empatia (capacidade para se identificar com outras pessoas, para perceberem o que sentem), a perseverança e o tacto. O Q.E. não pode ser quantificado como o Q.I.. Avalia-se como uma tendência. Não está definido desde a nascença.

CAPÍTULO III

Dinâmica de Grupo

1. DINÂMICA DE GRUPO

> *"A dinâmica de grupo não pode e não deve fazer*
> *mais do que permitir ao indivíduo a aprendiza-*
> *gem da autonomia e da liberdade em relação a*
> *outrem, sem deixar de respeitar profundamente os*
> *valores e as singularidades próprias de cada um."*
>
> JOSEPH LUFT

Os grupos constituem uma realidade. Continuamente os encontramos e não podemos passar sem eles: quer seja na fábrica, no escritório, nos laboratórios, nas organizações de lazer, na Universidade, nos movimentos de juventude ou no interior dos partidos políticos. É característico dos seres humanos reunirem-se em grupos. Em grupo trabalham, divertem-se e descansam e em grupo atravessam os momentos de alegria e crescimento, de tristeza e evolução dos seus ciclos vitais. Em grupos vivem em paz e fazem guerras, constroem e destroem.

Dinâmica de grupo é um campo de estudo e de pesquisa dedicado ao crescimento dos grupos, às leis que regem o seu desenvolvimento e as suas inter-relações com os indivíduos que os compõem.

A dinâmica de grupo é hoje um campo de estudo, de trabalho e de pesquisa perfeitamente integrado no campo das ciências sociais e um instrumento de aperfeiçoamento do funcionamento dos indivíduos, dos grupos e das sociedades humanas.

A dinâmica de grupo, como campo de estudo e pesquisa, remonta à década de 30 e a sua origem está ligada a Kurt Lewin.

Nos Estados Unidos, a forte convicção de que, numa democracia, a natureza humana e a sociedade podem ser aperfeiçoadas através da educação, da religião, da legislação e de muito trabalho, favorecem o seu surgimento.

A dinâmica dos grupos não se limita a descrever as propriedades dos grupos e os acontecimentos que lhe estão ligados; também se interessa pela forma como os factos observados dependem de certos fenómenos, ou procura descobrir os princípios que definem quais as condições que os conduzem e quais os efeitos. Toca, por isso, todas as ciências sociais e visa melhorar o funcionamento de quaisquer grupos oferecendo-lhes um conhecimento das leis que governam a sua vida.

Diversas ciências interagem para o desenvolvimento da dinâmica de grupo. Os psicólogos, ao estudar os grupos, preocupam-se com o comportamento dos indivíduos na sua actuação interpessoal. Os sociólogos estudam as relações interpessoais, a sociometria, os subgrupos, a liderança. Os antropólogos estudam os grupos culturais nas tribos, clãs, nos povos primitivos. As ciências políticas passaram a interessar-se pela liderança, pelos grupos de pressão, pela persuasão, pela influência eleitoral dos grupos. Os economistas estudam os sindicatos, como grupo de influência e de pressão, bem como a família e as consequências da sua actuação no mercado consumidor. O marketing e a publicidade investem no estudo de grupos de consumidores.

A dinâmica de grupo é, por outro lado, uma disciplina de "encruzilhada" que abre largas avenidas, não somente à Psicologia e à Sociologia, mas também à Antropologia e à Economia.

O comportamento do indivíduo só se pode compreender se tivermos em conta o seu espaço de vida, e só pode ser entendido na sua relação dinâmica com o meio ambiente; isto é, no seu contexto.

O estudo dos grupos humanos, sob a denominação actual de "Dinâmica de Grupo", foi estritamente um desenvolvimento do séc. XX.

Para se entender a dinâmica de grupo, torna-se necessário responder a determinadas questões sobre os grupos: O que é um grupo? Como se forma um grupo? Quais as suas características?

2. DINÂMICA DE GRUPO
   TENTATIVA DE CONTEXTUALIZAÇÃO

Na tentativa de compreender o comportamento em grupo, ou de modificá-lo, é necessário conhecer:

1 – A natureza dos grupos

2 – O seu funcionamento

3 – A relação indivíduo-grupo

4 – A relação grupo-sociedade

Diversos filósofos, sociólogos e psicólogos como o Lebon, Durkein, Coolay, Gabriel Tarde, Freud, Wundt, Medougall, entre outros, dedicaram-se ao estudo do grupo.

Foi no séc. XX que passou a ser conhecida a expressão "dinâmica de grupo" como conteúdo e processo de abordagens diferentes dos trabalhos realizados anteriormente.

Grupos de psicólogos e sociólogos começaram, nesta fase, a dar tratamento mais científico ao estudo de grupo. Os dados obtidos da observação de grupos foram tratados estatisticamente.

A dinâmica de grupo, como **ciência** empírica de processos **científicos,** depende da observação, da quantificação, da mensuração e da experimentação.

Não apenas os grupos constituem objecto de estudo da dinâmica de grupo, mas principalmente a dinâmica da vida colectiva, os fenómenos e os princípios que regem o seu processo de desenvolvimento.

As forças psicológicas e sociais que actuam no grupo fazem-se sentir através de: coesão, coerção, precisão social, atracção, rejeição, resistência à mudança, interdependência, equilíbrio e quase-equilíbrio.

3. OS GRUPOS

3.1. **Definição de grupo**

> *"Um grupo é um envelope que mantém juntos os indivíduos. Enquanto este envelope não for constituído, pode-se encontrar um agregado humano, mas não há grupo."*
>
> DIDIER ANZIEU

Um grupo é uma unidade social, é um conjunto de indivíduos, mais ou menos estruturado, com objectivos e interesses comuns, cujos elementos estabelecem entre si relações, isto é, interagem.

Assim, um conjunto de pessoas constitui um grupo quando estas:

a) reconhecem-se e são reconhecidas pelos outros como pertencentes ao grupo,

b) partilham normas e valores comuns,

c) cooperam para atingir determinado objectivo,

d) interagem com frequência,

e) participam de um sistema de papéis,

f) partilham modelos de conduta.

3.2. Características do grupo

Um **grupo** é:

a) Uma unidade social constituída por um mínimo de duas pessoas.

b) Uma unidade colectiva de indivíduos na medida em que os indivíduos estão unidos por interesses e objectivos comuns.

c) Uma unidade estruturada, porque os indivíduos estão ligados entre si por laços e relações bem definidas, numa situação de interdependência.

d) Uma unidade funcional e relacional.

Um grupo pode distinguir-se pela dimensão e composição.

– Quanto à **dimensão**, o grupo pode ser formado por um número restrito de elementos – como seja a família, ou por um grande número de membros – uma escola ou um clube.

As relações de interacção são mais frequentes num pequeno grupo do que num grupo grande. Por vezes para diminuir a proximidade de relacionamento dos grupos grandes, estes dividem-se em subgrupos.

– Relativamente à **composição**, o grupo pode ser homogéneo ou heterogéneo. Quando o grupo tem objectivos comuns, traços de personalidade idênticos e necessidades semelhantes, diz-se homogéneo.

São grupos socialmente heterogéneos os compostos por elementos provenientes de classes sociais diferentes. A idade, a classe social, o sexo e a pertença a um determinado grupo étnico são algumas das variáveis que podem caracterizar um grupo quanto à composição.

3.3. Tipos de grupos

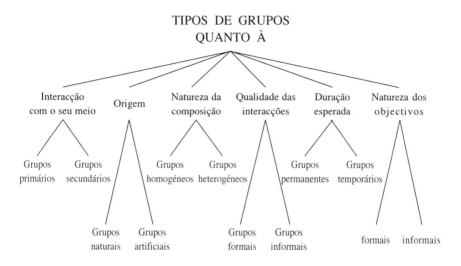

– Relativamente ao **modo de interacção** que ocorre entre os elementos de um grupo, podemos distinguir **Grupos Primários** em que os contactos entre os seus membros são face a face e a comunicação se processa de modo directo, por outro lado, os elementos constituintes do grupo convivem longos períodos de tempo; por exemplo, a família, o grupo de trabalho ou o grupo de amigos; e **Grupos Secundários** onde as relações entre os membros de um grupo se estabelecem de forma indirecta através de outras pessoas, intercomunicadores, fax, ordens de serviço, terminais de computador, tais como os clubes desportivos ou as grandes organizações. Em geral os grupos secundários são constituídos por vários grupos primários.

– **Quanto à origem,** podemos diferenciar os grupos **naturais,** caracterizados por relações espontâneas como a família, vizinhança, grupos de amigos; e grupos **artificiais** criados pela acção directa de terceiros como a turma, o campo de férias, o departamento.

– **Relativamente à qualidade de interacções** que se estabelecem entre os membros de um grupo, podemos distinguir grupos **informais** onde o relacionamento entre os indivíduos é casual, por exemplo: os amigos com quem nos reunimos no café, com quem saímos ou com quem vamos ao futebol.

Os grupos formais pressupõem uma hierarquia bem definida no que respeita a estatutos e a desempenho de funções. Há regras de funcionamento bem delimitadas, constando, nalguns casos, de um regulamento escrito, como num partido político, numa escola, numa assembleia de condóminos.

– **Quanto à natureza** da composição, podemos distinguir os grupos homogéneos e os grupos heterogéneos consoante o grau de maior ou menor semelhança dos membros que os compõem.

– **Relativamente à duração** esperada para as interacções que se estabelecem no grupo, podemos distinguir **grupos permanentes** ou duráveis como o clube, a turma, o departamento, e **grupos temporários** como grupos de discussão, júris, etc.

– Por último, **quanto ao objectivo**, os grupos podem ter **objectivos formais** que são expressos de uma forma explícita, oral ou formalmente, ou **objectivos informais** que por natureza estão implícitos e podem ser inferidos a partir das condutas dos membros do grupo.

3.4. Funções dos grupos

Os grupos são caracterizados por um conjunto de funções. Salienta-se, embora resumidamente, as funções principais que cabem aos grupos.

a) Promovem contacto social, troca de experiências, sociabilidade, e, essencialmente, evolução individual.

b) Estabelecem a estabilidade emocional dos participantes.

c) Transmitem a herança social e cultural.

d) Permitem a formação de atitudes e de opiniões. Ao ser membro de um grupo, cada indivíduo assume direitos e deveres.

Os grupos satisfazem as necessidades de associação e afiliação. Promovem o sentimento de identidade e fomentam a auto-estima, ou seja, nós definimo-nos a nós próprios pelos grupos a que pertencemos. Se eu pertencer a um grupo com estatuto elevado, isso tem repercussões na minha auto-estima e vice-versa. O grupo é o meio ideal para comparar as percepções pessoais com as dos outros. É um meio fundamental para reduzir a insegurança, a ansiedade e o sentimento de impotência. A união faz a força.

3.4.1. *O papel*

No interior do grupo existem normas que regulam o seu funcionamento. São essas normas que condicionam o comportamento dos seus membros.

As normas, no grupo, podem ser formais, como por exemplo, participar num trabalho de projecto, trazer o material escolar, etc., e/ou informais – cooperar com os colegas, ser educado e solidário para com os outros elementos do grupo.

Os elementos que compõem o grupo interagem segundo um sistema de dependência mútua, reflectindo-se no sistema de papéis. Ou seja, se conhecermos o papel que um indivíduo desempenha, criam-se expectativas relativamente à sua conduta.

O conceito de "Papel" designa o comportamento e a conduta do indivíduo no exercício das suas funções, tendo em conta as características do grupo em que se insere.

Na família, o papel do pai é diferente do papel do filho; numa empresa são distintos os papéis de director e de funcionários.

Cooley foi um dos primeiros sociólogos modernos a acentuar o significado e importância do carácter de pertença ao grupo. Insistiu no facto de que o papel desempenhado por um indivíduo em grupos diferentes exerce forte influência sobre o seu desenvolvimento individual. Sublinhou igualmente que a pertença a grupos múltiplos permite compreender as motivações do indivíduo no seu comportamento social. O papel pode ajudar-nos a compreender e a predizer o comportamento do indivíduo.

Shérif (1962) e outros provaram que a identificação simultânea a grupos diversos pode criar problemas ao indivíduo e contradições no seu comportamento.

Um dos problemas interessantes relativos aos papéis é a identificação dos princípios subjacentes às mudanças de papel por parte de um membro do grupo. Podem utilizar-se questionários sociométricos para avaliar como cada membro vê os outros e se vê a si mesmo, e isto nos diferentes momentos da vida do grupo.

3.5. Como se formam os grupos

De uma forma geral, podemos conceber **5 fases genéricas** no desenvolvimento de um grupo.

1.ª fase: **Fase de formação** – "Forming"

Nesta fase definem-se os papéis e estabelecem-se os objectivos formais do grupo. Os indivíduos começam a conhecer-se uns aos outros, vêem o que têm em comum.

2.ª fase: **Fase de conflito** – "Storming"

Aqui, os diferentes estilos individuais confrontam-se, levando à exposição de divergências pela disputa de poder. Estas são acomodadas e resolvidas pelo grupo que elege um líder. Esta fase tem a ver com a busca de posições e de estatuto de cada membro do grupo.

3.ª fase: **Fase de estabelecimento de normas** – "Norming"

Agora, estabelecem-se as normas necessárias ao funcionamento do grupo as quais, ao serem interiorizadas pelos sujeitos, produzem o desenvolvimento da coesão grupal.

4.ª fase: **Fase de desempenho** – "Performing"

Fase em que o grupo deixa de pensar em si como grupo e se volta para a tarefa. Nesta o grupo está apto a focar toda a sua atenção na resolução dos problemas inerentes à sua actividade, dado que as questões relacionadas com o seu funcionamento, ou seja, todas as questões relativas às relações interpessoais, ao estatuto dos membros do grupo e à divisão de tarefas encontram-se ultrapassadas. Já atingida a coesão e estabilidade, o grupo volta-se para a tarefa e para o desempenho.

5.ª fase: **Fase de dissolução** – "Adjourning"

A fase de dissolução ocorre quando os membros do grupo se demitem dos seus papéis no seio do grupo, ou quando, atingidos os objectivos, o mesmo não tem já razão de existir.

3.6. Estrutura do grupo

A estrutura do grupo é um factor importante que importa conhecer para o caracterizar.

O tipo e o grau de estrutura são variáveis. Um grupo temporário que se junta para desempenhar uma tarefa apresenta uma estrutura reduzida. Quanto maior é a continuidade no tempo maior é a probabilidade de o grupo ter uma estrutura forte. Por outro lado a estrutura varia também com a dimensão e objectivos do grupo. São certamente diferentes a estrutura de uma escola, a estrutura de um grupo de amigos e a estrutura de uma família.

Por grupos estruturados entende-se o conjunto de indivíduos ligados uns aos outros por interesses comuns e por laços bem definidos, de uma forma voluntária ou espontânea, numa situação de interdependência e de ordenação de cada um no todo.

Todo o grupo tem que fazer face ao problema da sua estrutura. Não se trata apenas do grau de estruturação, mas também de decidir se o grupo definirá as suas próprias regras, limites e modos de proceder convenientes às necessidades particulares.

3.6.1. *A coesão no grupo*

Pode-se definir coesão grupal como a força atractiva que une os indivíduos e lhes confere o sentimento de pertença ao grupo.

A coesão ocorre em virtude de os membros de um grupo se percepcionarem a si próprios e ao seu grupo em termos de protótipo relevante. Esta percepção será tanto mais forte quanto maior a saliência do contexto intergrupal, quanto mais marcantes forem os factores de diferenciação face a outros grupos e condicionará os comportamentos e atitudes dos sujeitos face aos membros do seu próprio grupo. A coesão de grupo será resultado de uma percepção necessariamente favorável dos outros membros do grupo, causada pela existência de um protótipo de identidade grupal positiva que aproxima os membros de um grupo entre si. Este fenómeno nada tem que ver com a atracção interpessoal subjacente à definição clássica de coesão grupal.

Pode-se identificar seis factores que reforçam a coesão num grupo:

- grau de concordância,

- a frequência e tipo de interacções,

- existência de conflitos intergrupais,

- grau de proximidade ou semelhança cultural,

– história de sucessos anteriores,

– acessibilidade à admissão num grupo.

1 – Quando o grau de concordância diz respeito aos objectivos de grupo, quanto maior for o consenso face aos objectivos e à sua importância, maior será o grau de coesão interna do grupo.

2 – A frequência e o tipo de interacções que se estabelecem no grupo são outros factores determinantes do grau de coesão interna.

3 – A simples existência de conflitos intergrupais pode conduzir a um aumento do sentido de competição em relação aos membros de outro grupo e como tal aumenta o grau de entreajuda entre os membros do próprio grupo.

4 – A proximidade cultural dos seus membros e a existência de interesses comuns é outro determinante da coesão do grupo.

5 – A experiência positiva por parte do grupo é susceptível de influenciar a coesão interna do mesmo. Grupos que apresentam um passado de sucesso na realização das suas tarefas tendem a ser mais coesos que grupos em que existe um passado com insucessos.

6 – Quanto mais difícil for a acessibilidade à admissão num grupo maior a probabilidade de elevada coesão interna.

Uma elevada coesão grupal tende a melhorar a quantidade e a qualidade das interacções, contribuindo para elevar a comunicação interna, para facilitar a circulação de informação e proporcionar melhoria do nível de satisfação individual.

Por outro lado, os grupos coesos tendem a ser mais rígidos na aplicação das normas e na forma como lidam com os desvios em relação a essas mesmas normas.

Os indivíduos modelam os comportamentos de acordo com os valores e normas do grupo a que pertencem. A vida em grupo implica a obediência a essas normas. Um dos defeitos do grupo é o conformismo face às normas, atitudes e opiniões assumidas colectivamente. A sua não aceitação por um elemento pode levar a atitudes de rejeição. Diz-se que uma pessoa mostra conformismo quando se comporta de acordo com as expectativas do grupo. Quando, embora reconhecendo essas expectativas, age de forma oposta, a pessoa mostra inconformidade.

Nos grupos coesos, há, regra geral, mais tendência a atitudes conformistas por parte dos seus membros. Tem-se tentado identificar os factores mais relevantes que ajudem a explicar o conformismo em grupo.

Asch e outros Sociólogos desenvolveram experiências com grupos de diferentes dimensões, tendo concluído que nos grupos pequenos o conformismo aumenta a aproximação, a tomada de decisões e a coesão.

A unanimidade é um factor que favorece o conformismo e a coesão oferece continuidade ao grupo.

3.7. Elementos para a sobrevivência de um grupo

Um grupo sobrevive quando tem três elementos fundamentais: existência, interdependência e contemporaneidade.

Quando Lewin estudou o grupo, deu muita importância ao chamado microgrupo ou pequeno grupo (grupo restrito).

Pode-se verificar que o estudo do pequeno grupo é tarefa mais objectiva que a do grupo grande.

Assim, cada unidade social (grupo) possui características principais. Essas características não são a soma das características de cada elemento de grupo, mas formam uma gestalt.

Para os psicólogos da gestalt (gestalt = todo), o "todo" é essencial para a compreensão das partes. Só a partir da totalidade (estrutura) se compreendem verdadeiramente os fenómenos, tal como só reconhecemos uma melodia ouvindo-a globalmente. De facto, as notas musicais isoladas nada significam, mas estruturadas adquirem a sua verdadeira significação. Uma vez organizada a melodia, atendemos à sua forma conjunta e não às notas isoladas.

Assim, no grupo também há uma organização que lhe dá forma e lhe confere estabilidade. É esta organização que lhe imprime estrutura e faz com que haja coordenação entre os elementos que o formam.

Pergunta-se: qual a influência de um indivíduo sobre um grupo e do grupo sobre o indivíduo?

O que define um grupo é a interdependência entre os seus membros e não a sua semelhança. Todos nós pertencemos a vários grupos: de diversão (ginásio), de religião, de vizinhança, etc. Cada grupo influi de forma diferente sobre nós. O nosso comportamento poderá ser a totalidade da dinâmica dos diferentes grupos a que pertencemos.

Lewin pergunta: o que significa o grupo para o indivíduo?

Sobre as respostas, tece as seguintes considerações:

a) O grupo é o terreno sobre o qual o indivíduo se sustenta. A estabilidade ou a instabilidade do comportamento do indivíduo dependem da sua relação com o grupo. Quando a sua participação estiver bem estabelecida, o seu espaço de vida caracterizar-se-á por uma estabilidade maior.

b) O grupo como instrumento. O indivíduo aprende desde cedo a utilizar o grupo como um instrumento para satisfazer as suas necessidades físicas e sociais. Quando adulto, seu *status* social é um instrumento importante nas suas relações profissionais, sociais, familiares etc.

c) O grupo como totalidade da qual o indivíduo é uma parte. Uma mudança na situação do grupo afecta directamente a situação do indivíduo. Caso uma ameaça recaia sobre o grupo, o indivíduo sentir-se-á, também, ameaçado; assim também a sua segurança e o seu prestígio aumentam ou decrescem à medida que o mesmo acontece com o grupo.

d) O grupo como espaço de vida. Para o indivíduo, o grupo é parte do espaço de vida em que se movimenta. Se considerarmos que o espaço de movimento livre de uma pessoa se caracteriza topologicamente por uma região circundada por outras que não lhe são acessíveis, será fácil compreendermos a importância da determinação de sua posição dentro do grupo e as possíveis mudanças que este possa sofrer. Uma mudança de posição dentro do grupo pode acarretar o acesso a novas regiões, assim como o surgimento de novas barreiras.

4. REDES DE COMUNICAÇÃO DE GRUPO

> *Escutar os outros é uma qualidade de grande importância para a vida do grupo.*
>
> MAILHIOT

No interior do grupo, por mais pequeno que ele seja, estabelecem-se interacções entre os seus membros. O conceito de interacção implica a influência mútua dos comportamentos, o que passa por expressões linguísticas e pela adopção de comportamentos próprios e que por vezes se marcam pela diferença.

No interior do grupo estabelecem-se múltiplas relações que aumentam com a sua dimensão – interacção grupal.

Se o grupo é composto por duas pessoas estabelece-se uma relação em que se desenvolvem interacções pessoais, onde predomina a cooperação. O aumento do número de elementos do grupo implica um aumento do número de interacções.

Como se pode observar na figura que se segue, o número de relações entre os elementos de um grupo aumenta muito mais rapidamente que o número de indivíduos.

Grupo com dois elementos.
Uma relação.

Grupo com três elementos.
Três relações.

Grupo com quatro elementos.
Seis relações.

Grupo com cinco elementos.
Dez relações.

Os canais através dos quais cada elemento do grupo pode comunicar com os outros designa-se por rede de comunicação e constitui um dos aspectos mais significativos da estrutura do grupo.

Existem redes centralizadas e redes descentralizadas. As redes de comunicação centralizadas caracterizam-se pela existência de um elemento central (c) que tem acesso a mais informação do que os outros que ocupam uma posição subalterna. Ex: rede em estrela ou rede em cadeia.

Na rede em estrela, cada indivíduo só pode comunicar com o chefe pelo que todas as mensagens tem de passar pelo lugar central (c) onde são controladas e se decide se devem ser enviadas ou não.

As redes de comunicação descentralizadas caracterizam-se pela existência de qualquer posição privilegiada face à obtenção de informações.

A rede em círculo constitui um exemplo de uma rede de comunicação descentralizada. Neste tipo de rede, qualquer pessoa pode comunicar com todas as outras possibilitando-se um constante feed-back entre os diferentes elementos do grupo. A comunicação em círculo é típica dos grupos em que não há uma estrutura hierárquica rígida.

Leavitt (1968), partindo dos trabalhos de Kurt Lewin sobre a influência das comunicações no grupo, orientou experiências com grupos de cinco pessoas, organizando-as em três tipos de redes.

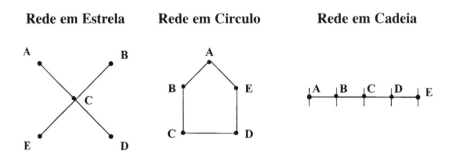

Leavitt tentou avaliar e comparar o grau de eficácia, na resolução de problemas da comunicação centralizada e da comunicação descentralizada. As conclusões a que chegou foram as seguintes:

O grupo organizado na rede centralizada em estrela resolvia mais rapidamente os problemas, o número de mensagens era reduzido e os erros cometidos irrelevantes.

Quanto aos indivíduos organizados em círculo, estes gastavam mais tempo a resolver os problemas, sendo o número de mensagens e erros em maior número. Contudo, os participantes neste último tipo de rede apresentavam um maior nível de satisfação na realização dos trabalhos.

A rede centralizada em estrela é geralmente utilizada nos grupos em que domina o estilo autoritário. É o líder (c) que centraliza toda a comunicação. E, embora a rapidez e a eficácia das pessoas relativamente às actividades que desenvolvem aumente, a satisfação experimentada pelos elementos do grupo é muito baixa.

Pelo contrário, na rede em círculo, por ser aquela em que as pessoas sentem maior independência e maior possibilidade de comunicar livremente umas com as outras, o grau de satisfação é elevado.

Na rede em cadeia, a mensagem corre riscos de se perder e/ou deturpar, sendo a comunicação mais lenta.

Na maioria dos grupos estas redes alternam-se ou, mesmo, sobrepõem-se, cabendo aos líderes promover uma ou outra forma de comunicação.

5. A PRODUÇÃO DE GRUPO EM RELAÇÃO À PRODUÇÃO INDIVIDUAL

Será que um grupo resolve os problemas de modo mais eficaz que os indivíduos que trabalham individualmente?

Os grupos apresentam algumas vantagens e certas desvantagens concretas, relativamente à eficácia dos indivíduos no que respeita à solução dos problemas e à produção.

Quando a solução de um problema exige uma compreensão única e global ou decisões inéditas, o esforço individual pode ser superior ao do grupo.

Mas, quando a solução de um problema exige quer uma grande variedade de competências de informações e de ideias, o empenho do grupo é necessário. O feed-back e a troca de ideias podem, de facto, resolver problemas aos quais um esforço individual dificilmente chegaria.

Uma vez tomada a decisão de trabalho em grupo, quanto mais restritas forem as discussões do grupo, melhor ele funcionará, desde que as diversas competências e recursos necessários à conservação do grupo estejam presentes.

A eficácia e a satisfação do trabalho de grupo variam segundo as características pessoais do grupo e da tarefa. Estudos desenvolvidos têm provado que muitos alunos aprendem melhor de forma mais individualizada do que em grupo e outros de forma inversa.

Há tarefas mais adequadas a um trabalho individual e outras a um trabalho em grupo. As tarefas que exigem debate com pontos de vista diversificados, e levantamento de hipóteses, lucram com o trabalho de grupo, bem como a solução de problemas onde um conjunto de pessoas pode apresentar recursos diversos.

Há variáveis que influenciam o trabalho de grupo: a sua dimensão, capacidade de participação dos seus membros, coesão, liderança, conformidade às normas, competição e cooperação... O desempenho e a satisfação no trabalho individual e/ou em grupo são também marcados por características de personalidade dos sujeitos.

Há indivíduos cuja rentabilidade e satisfação aumentam só pelo facto de estarem na presença de outras pessoas, em tarefas escolares e não escolares.

6. EXERCITAR A EVOLUÇÃO EM GRUPO

O saber trabalhar em grupo também se aprende com a experiência. É necessário modificar atitudes, aprender novas formas de agir, enfim, reeducar-se.

A experiência desenvolve as habilidades necessárias e favorece o desempenho do trabalho no campo afectivo e consequentemente na sua rentabilidade.

A aprendizagem do trabalho em grupo não consiste em aprender técnicas ou truques que sejam a chave para todos os problemas, ou receita para todos os males.

Não é correcto, numa experiência, apresentar aos aprendizes uma lista de habilidades, tentar "ensiná-los", como se faz no adestramento de um cão – levantar a pata, correr atrás da bola, latir para os estranhos e ser recompensado com um simples osso.

Segundo Miles (1968), o aprendiz do trabalho de grupo tem de experimentar, errar, tentar, ter espírito de iniciativa até que se comporte adequadamente e para atingir esse desenvolvimento conta com a colaboração dos outros elementos do grupo.

Miles diz que os chamados problemas de relações humanas não são apenas provocados pelo comportamento de outras pessoas, mas que as acções de um indivíduo constituem parte da situação do problema.

A maior parte das pessoas permanecem fechadas nos seus comportamentos durante a maior parte do tempo. A constituição de um verdadeiro exercício consiste em iniciar o "degelo" temporário na actuação em grupo.

O desenvolvimento das pessoas no grupo passa por diversas fases ou situações até ao seu enquadramento ou inserção.

Rogers propõe 13 etapas no processo de desenvolvimento de grupo mas que não são nem rígidas nem sequenciais:

1 – Fase de hesitação, de andar à volta.

2 – Resistência à expressão ou exploração pessoais.

3 – Descrição de sentimentos pessoais passados.

4 – Expressão de sentimentos negativos.

5 – Expressão e exploração de material com significado pessoal.

6 – Expressão de sentimentos interpessoais imediatos no grupo.

7 – Desenvolvimento de uma capacidade terapêutica no grupo.

8 – Aceitação do EU e começo de mudança.

9 – O indivíduo é objecto de reacção (feedback) da parte dos outros.

10 – Confrontação.

11 – Relações de ajuda fora das sessões de grupo.

12 – Expressão de sentimentos positivos e intimidade.

13 – Mudanças de comportamento no grupo.

Porque se entra num grupo?

O objectivo do grupo é a satisfação das necessidades das pessoas que o compõem. Geralmente os indivíduos entram em determinado grupo para satisfazer a necessidade de aprender e de trabalhar com os outros. A necessidade de aprender e de partilhar ideias e sentimentos são a principal motivação para a inserção no grupo.

Vejamos exemplos de necessidades que levam à inserção no grupo:

Necessidades específicas	Necessidades não declaradas
1 – Entrar numa Universidade para estudar.	Entrar numa Universidade para conseguir marido.
2 – Entrar numa sociedade beneficente para ajudar os outros.	Entrar numa sociedade beneficente para evitar ser criticado por não o fazer.
3 – Entrar numa sociedade famosa para ser útil aos outros.	Entrar numa sociedade famosa pelo status.
4 – Entrar num clube de serviços para atender às suas finalidades.	Entrar num grupo de serviços porque os amigos fazem parte dele.

O indivíduo deve estar ciente dos motivos (declarados ou não declarados) que o levam a participar no grupo.

Há indivíduos que participam integralmente no grupo, enquanto que outros têm um comportamento apenas individual.

Para conhecer o grau de envolvimento no grupo, é necessário que o líder questione o seguinte:

1 – O indivíduo está orgulhoso da organização do seu grupo?

2 – Porque é que uns membros se entregam mais às actividades do grupo que outros?

3 – Quando fala do grupo, usa o termo "nós" ?

4 – Tem um forte sentimento de solidariedade?

Se as respostas forem negativas, o indivíduo pouco se identifica com o grupo.

Se as respostas forem positivas, o indivíduo está plenamente comprometido com o grupo.

Comportamento do indivíduo no grupo

Para exercer eficazmente a direcção de um grupo, o líder deve compreender a Personalidade dos elementos que o compõem, tem que conhecer as causas que determinam um determinado tipo de comportamento.

Pelo que deve reflectir sobre as seguintes questões:

1 – Porque é que o António tem um ar altivo e dominador?

2 – Porque é que a Francisca fala sem cessar?

3 – Porque é que a Maria é tão melancólica que nunca se atreve a estar em desacordo com ninguém?

De acordo com Haiman(1961), os comportamentos mais comuns em situações sociais de grupo e que merecem destaque são:

Compensação / Retraimento / Racionalização / Conduta agressiva

a) Compensação

Quando um pessoa se sente inferiorizada numa situação ou se lhe nega a satisfação de uma necessidade, ela procura compensar essa deficiência com um comportamento denominado compensatório.

Haiman fala de dois tipos característicos de compensação:

> MISTER PURITANO

E

> MISTER DESCONFIADO

Como agem eles em grupo?

Mister puritano é muito sensível e espanta-se com tudo. A sua moral é rigorosa e o seu comportamento convencional. Apresenta uma surpreendente frieza e estreiteza de espírito.

Ao Mister desconfiado, por sua vez, custa a crer que alguém possa ser honesto e franco. Suspeita sempre da existência de motivos ocultos ou de fins egoístas. De tanto pensar mal dos outros, torna-se cínico e provocador de conflitos.

b) **Retraimento**

Por vezes, em razão de frustrações, o indivíduo isola-se e procura evitar as pessoas e as situações que lhe apresentam. O seu comportamento geral nasce do medo de expor porque teme a não aceitação das suas ideias.

O grupo não poderá alcançar a sua eficácia máxima sem a participação de todos.

c) **Racionalização**

Este é um dos processos de que o indivíduo lança mão no grupo. Dá uma explicação razoavelmente aceitável da sua conduta ou atitude, com o fim de colher de si mesmo e dos demais a verdadeira explicação do comportamento.

d) **Conduta agressiva**

A conduta agressiva manifesta-se, dentro do grupo, por atitudes como: negativismo habitual, crítica maliciosa e verbalismo agressivo.

6.1. **Evolução da maturidade de um grupo**

Haiman (1965) realizou pesquisas referentes à evolução e à maturidade de um grupo.

O processo de desenvolvimento e crescimento de um grupo assemelha-se ao de um indivíduo.

Na infância, o grupo comporta-se como um recém-nascido, e as suas atitudes são mal coordenadas. Está muito ligado ao líder.

Ao passar à adolescência, os elementos do grupo lutam com os conflitos de dependência e de contra-dependência por que passam os jovens. Começam a fazer coisas por si mesmos e trabalham com eficiência, muito embora não saibam trabalhar com crises emocionais.

Para atingir o estado adulto, o grupo deve chegar à chamada acção recíproca – (intercomunicação eficaz).

– Quais são os sinais de maturidade de um grupo?

Segundo Haiman, existem alguns **critérios para avaliar a maturidade** dos grupos:

a. Tem o grupo um claro entendimento dos fins e objectivos que deseja atingir?

b. Conseguiu um perfeito equilíbrio entre o emocional e o racional?

c. Caminha progredindo, para alcançar os seus objectivos, com um máximo de eficácia e um mínimo de esforço inútil?

d. Mantém um bom equilíbrio entre o emocional e o racional?

e. Reconhece que os meios são inseparáveis dos fins?

f. Faz uso inteligente das diferentes capacidades dos seus membros?

g. Pode mudar facilmente e adaptar-se às necessidades de diferentes situações?

h. Mantém um equilíbrio apropriado entre a produtividade do grupo (funções sociogrupo) e a satisfação das necessidades pessoais (funções do psigrupo)?

i. É capaz de ver e planear o futuro?

Faça uma análise do seu grupo, pedindo a cada membro que responda a este questionário. Tire a média das respostas e verifique a que ponto chegou a maturidade do seu grupo. Assim:

De 7 a 10 respostas afirmativas: grupo muito maduro.
De 4 a 6 respostas afirmativas: grupo maduro.
De 1 a 3 respostas afirmativas: grupo adolescente.
Menos de 2 respostas afirmativas: ainda é criança.

Há tipos de actividades que são comuns a todos os grupos de trabalho. São chamadas actividades constantes. Destacam-se duas:

a) Competência
b) Socialização

a) Ao organizar um grupo de trabalho, considere que a competência dos membros é um factor de êxito no trabalho, pelo que a escolha dos membros deve obedecer a critérios rigorosos. A eficácia do grupo depende da competência dos membros em relação à tarefa. A competência leva à estima recíproca, isto é, à solidariedade, e esta à integração.

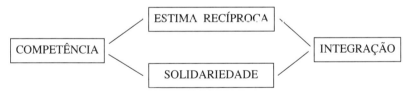

Há indivíduos que nunca se adaptam ao trabalho em grupo. Uns por questão de temperamento, outros porque rejeitam determinado grupo, em função da tarefa, ou da liderança, ou do processo de desenvolvimento do trabalho.

b) Quanto ao nível de socialização, os indivíduos com inaptidão característica para o trabalho em grupo apresentam alguns dos seguintes traços de personalidade:
– Rejeitam a tarefa e a liderança

- Manifestam agressividade
- Quando líderes são autoritários
- Não demonstram empatia
- Revelam incapacidade de percepção de si mesmos e dos outros

Os inaptos situacionais são aqueles indivíduos que não conseguem integrar-se na tarefa, porque:

- a tarefa não lhes parece interessante
- a estrutura do grupo não lhes parece funcional
- o clima do grupo os inibe
- o estilo de liderança os irrita
- manifestam supervalorização do "eu", como mania de perseguição e megalomania.

Tais indivíduos são agressivos e negativistas, enquanto não se sentirem completamente aceites no grupo.

Para que o grupo funcione com a competência necessária para executar a tarefa, é necessário que os seus elementos atinjam:

- um mínimo de maturidade social
- a capacidade de desenvolver comportamentos de lealdade para com os outros
- aptidões que os leve à integração

7. ESTRUTURA DO GRUPO DE TRABALHO

Ao analisar as estruturas de autoridade no grupo de trabalho, destacam-se 3 pontos fundamentais: o **tamanho**, a **composição** e a **organização do grupo**.

7.1. O tamanho de um grupo de trabalho

De um modo geral, o número de indivíduos considerado óptimo para um grupo de trabalho eficiente é de 5 a 7

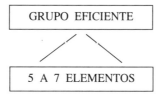

Um grupo eficiente deve obedecer ao ditame:

MAIS DO QUE AS GRAÇAS

MENOS DO QUE AS MUSAS

Os grupos ímpares (5 ou 7) oferecem mais probabilidades de êxito que os pares (4 e 6). Na hora da decisão (consenso), fraccionam-se e facilitam a resolução de problemas.

Quanto maior é o grupo, mais difícil é a discussão, decisão e execução da tarefa.

7.2. Composição de um grupo de trabalho

Para que um grupo de trabalho seja eficiente partindo do suposto de que os elementos sejam competentes e estejam aptos a trabalhar em grupo, os seus elementos tanto quanto possível devem ser homogéneos em idade, sexo, competência, anos de experiência, vizinhança e status.

Num grupo homogéneo há:

- mais identificação com a autoridade.
- integração mais rápida.
- tarefas de grupo mais rápidas.
- embora menos criatividade.

Nos grupos heterogéneos há mais riqueza de experiências e complementaridade, assim como maior criatividade. No entanto, a integração é mais lenta, não se faz com tanta profundidade e há mais momentos de tensão e de conflito.

7.3. Organização de um grupo de trabalho

Quando um grupo de trabalho começa a funcionar, pode-se distinguir:

1 – Quem tem poder sobre quem (estrutura do poder).

2 – Quem trabalha para quem (estrutura do trabalho).

Com estas quatro estruturas o grupo organiza-se assim:

Na estrutura de trabalho, o funcionamento do grupo estabelece-se de acordo com:

– o modo como as tarefas são distribuídas
– a forma como os papéis são definidos

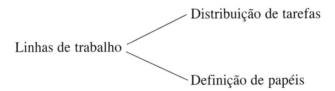

Quanto à autoridade, estabelecem-se os tipos de liderança e seus lemas.

1 – Autocrática – "eu sou o poder"
2 – Permissiva (laissez-faire) – "o poder são os outros"
3 – Democrática – "o grupo é o poder"

Os papéis começam a ser delineados, no grupo, com a distribuição de tarefas e a assunção de papéis.

7.4. Processos de integração do grupo

A integração realiza-se não pelo nivelamento das diferenças entre os indivíduos, mas pela sua complementaridade. Cada membro (a, b, c, d, e) percebe-se a si mesmo como diferente, mas incompleto. Cada um deles tem outro membro como complemento no grupo. Todos dependem de todos para se integrarem.

Para a integração do grupo, deve haver, por parte dos seus membros:

- uma comunicação autêntica
- um alto grau de coesão
- uma permeabilidade de fronteiras

7.4.1. *Comunicação autêntica*

Por comunicação entende-se, ao mesmo tempo, tanto a expressão verbal como a não-verbal. O termo aplica-se assim às palavras e pensamentos articulados ou não articulados. A comunicação autêntica refere-se às interacções tanto activas como passivas..

A comunicação hierarquizada, de subordinação, cria no grupo bloqueios e filtragens, mal entendidos e conflitos. Em consequência, a integração torna-se difícil.

Quando todos os membros estabelecem uma linguagem comum e recorrem a símbolos e códigos próprios, diz-se haver sido estabelecida a comunicação autêntica.

Quando a comunicação se torna autêntica, surge o sentido de pertença, que leva os elementos a participar integralmente nas actividades do grupo.

7.4.2. *Coesão*

O grupo é coeso quando o indivíduo que dele faz parte sente certa culpa perante a necessidade de ausentar-se ou de faltar, e por isso se justifica:

- Desculpem-me, mas hoje, não posso continuar a participar. Tenho de sair mais cedo. Obrigado pela atenção.

7.4.3. *Permeabilidade de fronteiras*

Quando no grupo se desenvolve uma comunicação autêntica e se adquire coesão, a entrada ou saída de um elemento não alteram nem ameaçam a integridade do grupo.

Um grupo mostrar-se-á eficiente quando:

1 – Os seus membros estão integrados.

2 – As relações interpessoais são duradouras.

3 – Há interdependência entre os seus participantes

4 – Os membros sentem que há complementaridade

5 – Os elementos pensam que estão a trabalhar em grupo.

8. A LIDERANÇA DO GRUPO

> *"(...) Um líder é uma pessoa que, pela palavra ou pelo exemplo pessoal, influencia os pensamentos, comportamentos e sentimentos de um número significativo de pessoas – os seguidores ou a audiência."*
>
> HOWARD GARDNER

No interior dos grupos estabelece-se uma divisão de funções e relações de cooperação entre os seus membros.

Em todos os grupos, mesmo nos mais pequenos, há a tendência para se escolher, entre os seus membros, **um elemento** que **coordene** a actividade colectiva, para melhor atingir os objectivos definidos, para afirmar o próprio grupo. O líder influencia, isto é, age de modo a modificar o comportamento dos elementos do grupo. As funções e o poder do líder variam com o tipo de grupo.

Desde o grupo de amigos aos grupos religiosos, às empresas, à política, existem indivíduos que desempenham funções de liderança de forma esporádica ou continuada, de modo formal ou informal. Frequentemente, os grupos tem dois ou mais líderes, normalmente com funções diferentes. Podemos dizer que a liderança é inerente ao grupo, à organização.

Muitos investigadores tem procurado identificar as qualidades que definem um líder, havendo actualmente um largo consenso no que se refere às seguintes:

O Líder

1. é alguém que consegue autoridade informal.
2. não necessita ser o profissional mais qualificado de uma dada área.
3. tem uma visão de conjunto e sabe recrutar, formar e motivar
4. é excelente condutor de pessoas e equipas de trabalho
5. aposta na promoção da formação contínua
6. sabe quando partilhar e quando dar ordens
7. assume riscos e erros

8.1. Tipos de líder

Têm sido desenvolvidas muitas investigações no sentido de se verificar as características, os traços e as condições que tornam um líder eficaz, bem como de reconhecer as suas fontes de poder e influência.

O chefe institucional é imposto ao grupo e exerce funções de direcção. É o caso, por ex.: do chefe de um departamento de um banco, do director de uma escola. O chefe institucional exerce um poder hierárquico sobre os seus subordinados.

Mas o líder pode ser escolhido pelo grupo ou até surgir espontaneamente, sendo o elemento central para onde convergem as comunicações, desempenhando um papel importante na orientação do grupo, e tentando influenciar os outros na realização dos objectivos pretendidos.

As primeiras experiências destinadas a avaliar os efeitos das formas de actuação dos líderes no comportamento grupal e individual foram efectuadas por três investigadores americanos: Lewin, Lippit e White. Registaram, através de um conjunto de investigações, o modo como os grupos responderam a cada um dos estilos de liderança previamente estipulados, nomeadamente quanto à rentabilidade do grupo e quanto à satisfação pessoal dos participantes.

Foram três os **estilos de liderança** objecto de investigação: **autoritário**, **democrático** e **Laissez-Faire**.

8.1.1. *Líder autoritário*

Este estilo de liderança autoritária ou autocrática é bem definido pela significativa expressão popular: quero, posso e mando. Não há espaço para a iniciativa pessoal. É o líder que fixa as tarefas de cada um e determina o modo de as concretizar. Não ouve ninguém e não informa previamente quanto aos objectivos a atingir. As instruções vão sendo dadas à medida que o trabalho progride, incidindo sempre em aspectos parcelares da tarefa, de modo a não revelar as etapas seguintes.

É imprevisível o seu grau de contentamento quanto à quantidade e à qualidade de tarefas realizadas. Por isso, recorre amplamente ao elogio e à crítica destrutiva sem que os indivíduos do grupo conheçam os critérios que utiliza para avaliar as actividades levadas a cabo por cada um.

Este tipo de liderança é geradora de conflitos, de agressividade, de frustração, de submissão etc.. A produtividade é elevada mas a realização das tarefas não é acompanhada de satisfação.

8.1.2. *Líder democrático*

O líder democrático não toma sozinho as decisões.

Este líder tem um papel muito passivo, dando total autonomia às pessoas do grupo para determinarem as actividades e os procedimentos a seguir.

Neste tipo de liderança, o grupo participa na discussão da programação do trabalho, na divisão das tarefas, sendo as decisões tomadas colectivamente.

O líder assume uma atitude de apoio, integrando-se no grupo, sugerindo alternativas sem, contudo, as impor. Um bom líder é aquele que é capaz de sentir o que se está a passar no grupo e de ter atitudes adequadas para ajudar o grupo a ultrapassar os seu problemas.

O líder democrático usa menos o elogio e a crítica, mas, quando o faz, é objectivo nas apreciações, procurando fundamentá--las em factos.

Não avalia positiva ou negativamente o comportamento dos indivíduos nem as actividades do grupo, confia no grupo e acredita nas possibilidades criativas de as pessoas se organizarem e realiza-rem as tarefas adequadas.

A produtividade é boa e, sobretudo, há uma maior satisfação e criatividade no desempenho das tarefas, uma maior intervenção pessoal, bem como o desenvolvimento da solidariedade entre os par-ticipantes.

8.1.3. *Líder laissez-faire*

Neste tipo de liderança, o líder funciona como um elemento do grupo e só intervém se for solicitado. É o grupo que levanta os pro-blemas, discute as soluções e decide. Não toma iniciativas nem apresenta sugestões. Nos grupos com este tipo de líder, quando o grupo não tem capacidade de auto-organização, podem surgir fre-quentes discussões, com desempenho pouco satisfatório.

Considerando a relação produtividade/satisfação pessoal, investigações mostraram que nem sempre a liderança democrática é a mais eficaz.

Um estilo que se mostre indicado em determinada situação pode mostrar-se ineficaz noutras situações.

A liderança democrática ou a liderança autoritária são mais ou menos eficazes em função de alguns factores:

a) Características das pessoas que fazem parte do grupo

b) Natureza das tarefas a executar

c) Carácter inovador ou rotineiro das tarefas

d) Tempo disponível para realização das tarefas

e) Relações interpessoais e do líder com os elementos do grupo

Não há estilos bons ou maus em si, as circunstâncias e os objectivos é que determinam o estilo de liderança.

9. O PROFESSOR E O GRUPO

Como já foi dito, a dinâmica de grupo é o estudo dos comportamentos no grupo. Objecto de estudo podem ser os bandos arruaceiros, os serviços religiosos, uma equipa de sábios ou um professor que dá a sua aula.

Em relação ao grupo, o professor deve questionar-se sobre:

a) Como conseguir que os alunos trabalhem melhor e aprendam mais?

b) As medidas disciplinares estarão de acordo com o comportamento do grupo?

c) Como estabelecer uma comunicação autêntica com a turma?

d) Como avaliar correctamente o trabalho dos alunos?

e) Que relação existe entre a qualidade das minhas relações com os meus superiores hierárquicos e o meu trabalho na sala de aula?

f) Que tipo de líder deve ser o professor?

g) Qual a importância da ética na dinâmica de grupo?

É extremamente difícil encontrar respostas a algumas destas perguntas. Outras excedem os limites deste trabalho. Mas todas dizem respeito ao professor e ao grupo.

O professor é simultaneamente participante e observador. Deve explicar, informar, pôr problemas, estimular, escutar, reconhecer as diferenças entre os grupos e os seus elementos.

O professor deve ser um pouco como o artista, sensibilizado com o que se passa enquanto trabalha, enquanto se dirige para as suas finalidades de ensino-aprendizagem.

9.1. **Grupos e métodos**

Até agora nada se disse sobre os métodos e as técnicas de grupo. Os professores desejam, muitas vezes, saber em concreto o que poderiam fazer em determinadas circunstâncias. Sublinha-se que os «métodos» de aprendizagem do trabalho com grupos podem revelar-se bastante inúteis, se o método não se baseia na compreensão e no bom relacionamento.

Os professores, às vezes, perguntam que fazer quando, por exemplo, parece haver uma crise de agitação ou de apatia entre os alunos. Mas, não é possível indicar-lhes o que é necessário fazer sem conhecer a causa destes sentimentos espalhados na aula. Em compensação, um professor pode aprender a descobrir ele mesmo estas causas. Pode perguntar, observar e prestar atenção ao que se passa. Deve demonstrar o desejo de se tornar mais consciente daquilo que se passa sem formular juízos de maneira demasiado crítica.

Há numerosos meios diferentes de reduzir a rigidez e de resolver os conflitos. Qualquer professor pode aprender intuitivamente que método lhe conviria para resolver um determinado problema. Um professor pode mudar o clima da sala de aula pedindo aos alunos que lhe digam qual é o problema e o que sentem. Pode suspender momentaneamente as aulas de matemática ou de português para que os alunos se possam exprimir e, deste modo, aplicar-se à satisfação ou superação das suas necessidades emocionais.

Outro docente poderá obter resultados equivalentes sugerindo aos alunos que se organizem em grupos mais pequenos, a fim de poderem trabalhar e falar de modo mais informal.

A disposição da sala condiciona o trabalho em equipa. As cadeiras, as mesas e o espaço deveriam servir as necessidades particulares do trabalho. O trabalho exige, às vezes, que os alunos discutam e façam planos em conjunto. Uma disposição circular ou rectangular das cadeiras e das mesas permitir-lhes-á verem-se, falarem e trabalharem em grupo. O professor, uma vez liberto da concepção tradicional do trabalho escolar, poderá pensar em numerosos métodos diferentes de ensino, bem como em diferentes utilizações das disposições materiais, para tornar eficaz o processo de ensino-aprendizagem.

Muitas vezes o professor reage intuitivamente a uma mudança da acção do grupo, e está correcto. Mas, quando a sua intuição não funciona, poderá descobrir a causa, melhorando assim a sua eficácia.

Os professores aprendem partilhando as suas experiências. Infelizmente, muitos deles, com medo de reacções hostis, julgam que não é prudente nem correcto falar do seu trabalho. Em consequência, fazem reinar o silêncio sobre os problemas e as experiências na aula. Os docentes necessitam de poder analisar estas questões com técnicos competentes.

Mas, ordinariamente, não existem tais recursos. As discussões livres com os colegas e superiores hierárquicos só se podem processar num ambiente de confiança recíproca onde o professor expõe os seus problemas sem recear uma apreciação negativa. Os resultados seriam ainda melhores se os professores pudessem assistir, de tempos a tempos, às aulas uns dos outros, e observar como eles abordam os problemas e aplicam os métodos. O observador e o professor observado poderiam então reunir-se e analisar o que se passou, segundo a perspectiva de cada um.

Os meios com que o professor pode aumentar a sua competência profissional são, inúmeros. O que se deseja sublinhar a este respeito é a realidade da vida de grupo, o modo como esta afecta professores e alunos e encarar algumas hipóteses sobre o que se poderia fazer para melhorar o ensino-aprendizagem. Chama-se a atenção, de um modo particular, para o significado do ambiente que domina na sala de aula e para os factores subjacentes que influenciam a motivação individual e de grupo.

A motivação para aprender pode ser considerada simultaneamente função das necessidades do aluno como tal e das necessidades do grupo. O aluno necessita de compreender o mundo em que vive, e o mundo das ideias. Tem necessidades sociais ou de grupo: a necessidade de participação, de ser aceite pelos seus colegas, de ser compreendido, de se exprimir, de ser estimado e de ter uma posição social. As necessidades emocionais também influem no trabalho de aprendizagem: a necessidade de afeição, de dependência, de cuidados, de se afirmar, de respeitar e ser respeitado de estar só, de criar, de estar em segurança, de correr riscos, de explorar, – isto para citar apenas algumas das suas numerosas necessidades fundamentais. Embora, evidentemente, nem a escola nem o professor possam fazer face a todas estas necessidades, no entanto constituem "a pedra ângular" do comportamento e aprendizagem do indivíduo.

Uma turma de alunos, enquanto grupo, pode ter necessidade de cooperar com o professor para fixar os objectivos, estabelecer a sua estrutura, desenvolver as normas de comportamento, os canais e meios de comunicação. Um grupo pode necessitar de aumentar ou reduzir a sua motivação.

Segundo Lewin e Rogers, a motivação para aprender requer uma mudança na percepção. Os castigos não motivam um aluno; o campo deste encontra-se então limitado, sem que por isso ele adquira novos conhecimentos. Se os esforços do aluno são recebidos com um interesse benevolente e se ele sente portanto satisfação em considerar pequenas mudanças nas próprias percepções, poderá estar em situação de avançar para um novo exame e estruturação de todo o contexto em questão. Portanto, o aluno aprenderá. Construirá as próprias questões, que motivarão novas experiências. A motivação interior para aprender pelo facto de ele querer saber substituirá a motivação imposta.

Quando um grupo de alunos elabora regras de tal ordem que as novas questões façam parte dos objectivos que lhe são próprios, então o processo de aprendizagem fortalece-se. Como o mostrou o trabalho de Lewin, uma atitude do grupo em relação á mudança pode, muitas vezes, ter mais efeito para encorajar a aquisição de novos conhecimentos nos seus membros do que os esforços dos indivíduos tomados isoladamente.

A FECHAR

Não sei se caiu o pano, ou se ficará para sempre entreaberto neste intervalo em que respiramos.

Como etapa, o livro chega naturalmente ao seu termo. Porém, como algo de vivo, o seu conteúdo deverá ser continuamente acrescentado, alterado, debatido.

Possa ser essa uma das suas finalidades. Seria, por certo, a prova exacta da sua força, da sua pertinência, porque não dizê-lo, da sua alma.

REFERÊNCIAS BIBLIOGRÁFICAS

Askov, E. e Kamm, K. (1982). Study skills in the content area. Boston: Allyn and bacon.

Bauleo, A. (1975). *Psicologia y psicologia de grupo*. Madrid: Fundamentos

Bettelheim, B. (1972). *Le coeur conscient*. Paris

Buhler, C. (1990). A psicologia na vida do nosso tempo. 5.ª Edição. Lisboa: Fundação Calouste Gulbenkian.

Campos, B. P. (1990). *Psicologia do desenvolvimento e da educação de jovens*. Vol I. Lisboa: Ed. Universidade Aberta

Chardin, T. (1955). *Le phenoméne humain*. Paris: Seuil.

Cloutier, J. (1975). *A era de EMEREC*. Lisboa

Couchaere, M. J. (1985). La lecture active. Paris: Chotard.

Damásio, A. (2000). *O sentimento de si*. Publicações Europa-América.

Davis, F. Greene, T. (1984). *Reading fot learning in the sciences*. Londres

Deleuse, D. (1974). *Psychanalyse et transversalite*. Paris: Maspero

Dudley, G. A. (1989). *Como aprender mais*. S. Paulo: Ed. Cultrix.

Entwistle, N. (1981). *Styles of learning and teaching*. Chim Chester, Jonh Wiley of Sons.

Fragata, J. (1980). *Noções de metodologia para a elaboração de um trabalho científico*. 3.ª Edição. Porto: Livraria Tavares Martins

Frankl, V. (1988). *Découvrir un sens à as vie*. Éd. de L`Homme.

Golemam, D. (1995). *Emotional intelligence*. Nova Iorque: Bantam Books.

Kaye, B. e Rogers, I. (1981). *O trabalho em grupo nas escolas secundárias*. 2ª Edição, Lisboa: Livros Horizonte.

Klein, M. et Riviére, J. (1984). *L`amour et la haime*. Paris: Petite bibliothéque payot.

Kolesnik, W. B. (1978). *Motivation, understanding and influencing humam behavior*. Boston: Allyn and Bacon.

Lemaître, P. e Maquére, F. (1989). *Saber aprender*. Mem Martins: Publicações Europa-América.

Lefrancois, G. R. (1985). *Psychology for teaching*. Belmont, Ca.: Wadsworth

Lewin, Kurt. (1951). *Field theory in socisl science*. New York: Harper

Lewin, Kurt. (1959). *Psychologie dynamiques*. Paris: Puf.

Lock, C. (1981). *Study skills*. West Lafayette. Indiana: Kappa delta PI.

Maddox, H. (1988). *Como estudar*. 6.ª Edição. Porto: Livraria Civilização Editora

Marques, J. (1978). *Ensinando para o desenvolvimento pessoal*. Porto.

O`Meara, P. e outros. (1988). *Como estudar melhor*. Lisboa: Edições Pre-sença

Rogers, Carl. R. *Grupos de encontro*. São Paulo: Martins Fontes

Sachs, J. (1967). *Recognition memory for syntactic and semantic aspects of connected discourse*. In Perception and psychophysies, n.° 2.

Sartre, J. P. (1960). *Critique da la raison dialetique*. Paris: Garard

Seltiff, M. (1982). L`intelligence gaspillé. Paris: Seuil.

Serra, A. V. (1999). *O stress na vida de todos os dias*. Coimbra: Edição do autor

Referências Bibliográficas 139

Sprinthall, N. e Collins, W. (1994). *Psicologia do adolescente: uma abordagem desenvolvimentalista*. Lisboa: Fundação Calouste Gulbenkian.

Steiner, C. (1992). Le coute chaud et doux des chaudondoux. Paris: Interéditions

Vala, J. e Monteiro, M. B. (1997). *Psicologia Social*. 3.ª Edição. Lisboa: Fundação Calouste Gulbenkian.

Van Caneghem, D. (1978). Agressivité et combalitité. Puf.

Zajde, Nathalie. (1995). Enfants de survivants. Paris.